ESTHER VARAS DOVAL

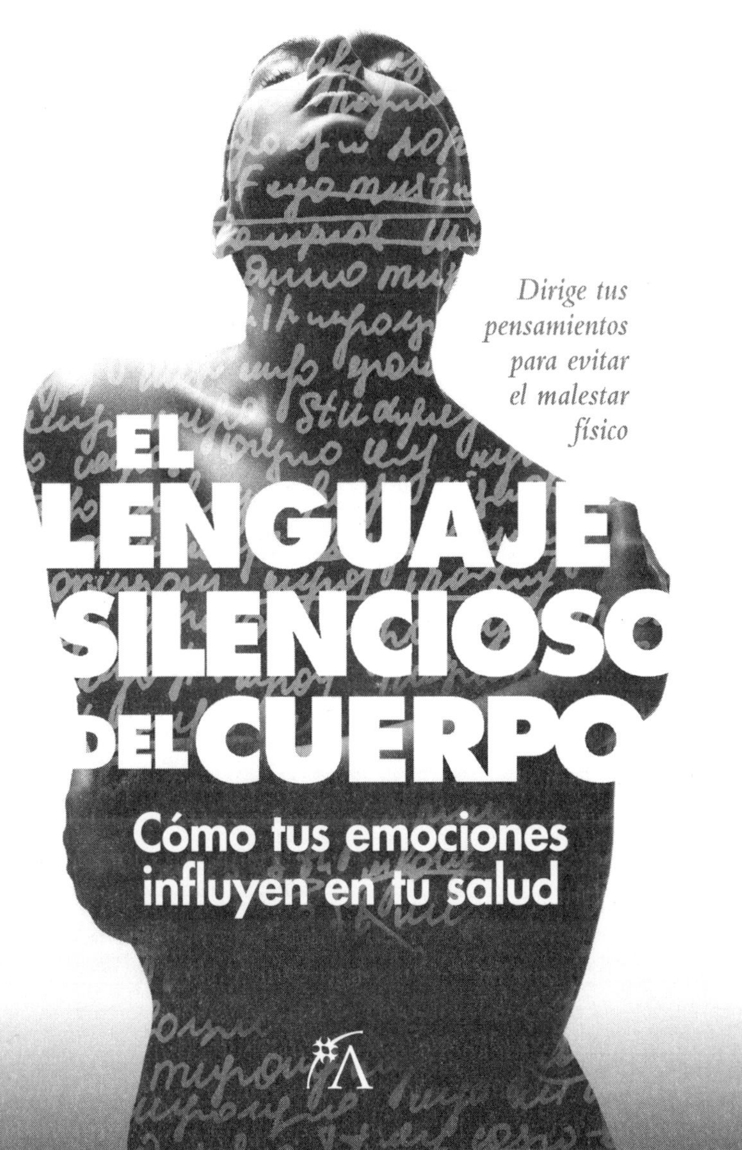

Dirige tus pensamientos para evitar el malestar físico

www.arcopress.com
@arcopresslibros

Primera edición, mayo 2025

Arcopress • Salud y bienestar
Dirección editorial: Pilar Pimentel
Diseño y maquetación: Fernando de Miguel

Ilustraciones: Juan Carlos Yunta
Diseño de gráficos: Ángel Gil Gavilán

Editorial Almuzara S. L.
Parque Logístico de Córdoba. Ctra. Palma del Río, km 4
C/8, Nave L2, nº 3. 14005 - Córdoba
info@almuzaralibros.com

Imprime: Romanyà Valls
ISBN: 978-84-10354-36-4
Depósito Legal: CO-735-2025

Impreso en España/Printed in Spain

La libertad de **elegir** tus pensamientos y palabras
es lo que hace de tu vida un viaje apasionante.

Gracias
a mi Ángel,
a Mila y su sonrisa,
a mis pacientes y
a mis colegas,
por apoyarme todos estos años
a desenredar el nudo de las somatizaciones.

Índice

Prólogo

Últimamente, no sé si a ti también te pasa, pero oigo hablar del estrés en todas partes: en el supermercado cuando estoy en la fila para pagar, entre mis compañeros, en la familia, entre los jóvenes e incluso en algunos niños pequeños... y, por supuesto, en la consulta. Pero ¿sabías que el estrés crónico produce efectos negativos a nivel general? Por ejemplo, causa pérdida de masa muscular, aumenta la vulnerabilidad frente a infecciones e incluso afecta a la fertilidad. La tensión continua hace que los músculos, regulados por el sistema nervioso autónomo —que controla el funcionamiento de las vísceras—, se desajusten, permaneciendo muy tensos, como las cuerdas de una guitarra. Esta tensión muscular genera una sensación de dolor y cansancio continuo, lo que provoca ansiedad, a veces asociada con la depresión, y disminuye la resistencia al dolor. Esto causa los primeros síntomas o molestias. Todo este cóctel hace que nos sintamos mal y, como resultado, nos deprimimos más, entrando así en una espiral sin salida aparente.

Ante esta situación, y seguro que has experimentado estrés en algún momento, ¿te has preguntado qué ocurre en el cerebro y en el cuerpo? ¿Qué procesos intervienen? ¿Cómo reaccionan las neuronas y las dendritas? Las dendritas son ramificaciones que salen del cuerpo de la neurona y reciben los impulsos nerviosos de otras neuronas a través de las sinapsis. ¿Cómo se defienden, si es que lo hacen?

Investigando cómo podemos apaciguar nuestros nervios y relajarnos para compartirlo contigo, descubrí que el estrés crónico produce cambios en áreas específicas del cerebro. Principalmente afecta al hipocampo, un pequeño órgano situado dentro del lóbulo temporal intermedio que forma parte importante del sistema límbico, la región que regula las emociones y se asocia principalmente con la memoria a largo plazo. También afecta a la corteza prefrontal, donde se reduce el número de dendritas, lo que se ha relacionado con una pérdida de la memoria explícita y de trabajo. Además, se producen cambios en la amígdala, el principal núcleo de control de las emociones y sentimientos en el sistema límbico, que controla las respuestas de satisfacción y miedo. Aquí ocurre lo contrario: se da un incremento de las neuronas, lo que aumenta la memoria emocional, especialmente la relacionada con el miedo y una mayor ansiedad. Sí, yo también me sorprendí con estos estudios, pero si lo piensas, es lógico: el estrés crónico tiende a producir fallos en la memoria a nivel general. Sin embargo, las situaciones más relacionadas con el miedo y todo lo que nos estresa se graban mejor en nuestra memoria.

Los cambios físicos en estas áreas cerebrales dependen de la liberación repetida de cortisol y de glutamato, el neurotransmisor más abundante del cerebro, que en exceso puede producir toxicidad en las neuronas. Se piensa que, aunque estos cambios neuronales inducidos por el estrés son negativos a nivel cognitivo, actúan como mecanismos protectores frente al exceso de glutamato, evitando así la muerte masiva de neuronas. De esta manera, se reduce la superficie de acción del glutamato. Pero no te asustes: una vez que cesa el estrés, la situación se revierte; es decir, las neuronas recuperan una estructura dendrítica similar a la inicial y los problemas de memoria y ansiedad desaparecen.

No obstante, no siempre es así; existe un cierto porcentaje de personas que podría no recuperarse de los cambios producidos por la «carga alostática» en el cerebro, es decir, por el desgaste fisiológico acumulado por el cuerpo en un intento de adaptarse a las demandas cotidianas, manteniendo esos cambios de forma permanente. ¿Cómo lo sabemos? Porque se ha demostrado en el cerebro de ratas viejas sometidas a estrés crónico. Mientras que, en las ratas jóvenes, la retracción de las dendritas causada por el estrés se recupera cuando se elimina el factor estresante, en las ratas viejas esa recuperación no se produce, lo que se cree que podría ser uno de los principales factores que contribuyen al envejecimiento del cerebro.

Actualmente, se están investigando los mecanismos moleculares que facilitan la recuperación del cerebro después del estrés y los fallos en estos mecanismos podrían estar relacionados con enfermedades psiquiátricas como la depresión, la esquizofrenia o el trastorno de estrés postraumático. También se estudian factores ambientales, como la exposición al estrés durante las primeras etapas de la vida, que podrían provocar una respuesta anormal al mismo.

Es crucial conocer y comprender cómo todo esto influye en nuestra mente y cuerpo, cómo percibimos la realidad, cómo la interpretamos y la transformamos en información que repercute en nuestro bienestar, enfermándonos o relajándonos de manera saludable. Por ello, con este libro quiero enseñarte la importancia de conocer como influyen nuestros pensamientos en el cuerpo, así como encontrar ese silencio tan necesario para sanar, tanto interna como externamente, construyendo tu «pequeña isla» en una vida tan ajetreada y ruidosa como la que llevas, y así prevenir enfermedades. A veces, en nuestro mundo moderno, la quietud parece una utopía, pero cuando la encontramos, el silencio nos revela una belleza inesperada y desconocida. Para que descubras la influencia de tus palabras en tu cuerpo y en tu salud, te presentaré en las próximas páginas los centros emocionales para que, una vez que los conozcas, puedas gestionarlos y disfrutar de una vida más serena y equilibrada.

Este libro amplía una sección de *¡Cielos, me puedo relajar!*, publicado en 2011, y ha sido solicitado por alumnos y pacientes. Considero esencial revisar periódicamente nuevas técnicas y estudios para, con esa información, diseñar ejercicios innovadores y ponerlos en práctica. Esto nos permite aceptar o modificar creencias y hábitos que podrían estar desactualizados.

Soy consciente de que vivimos en una sociedad polarizada donde los escándalos políticos, los cambios sociales, los vaivenes económicos y los giros educativos ocurren con una rapidez equiparable a lo que observamos en los medios: faltas de respeto, pérdida de valores tradicionales, integridad y vergüenza. Además, se fomenta el desarrollo de adicciones como las compras compulsivas, la comida basura y el consumo excesivo. Esta tendencia se ve agravada por el aumento exponencial en el uso de pantallas, como móviles, tabletas, *smart TV* y ordenadores. La constante exposición a estos dispositivos no solo promueve la adicción a los juegos, sino que, a través de anuncios y aplicaciones, incita a comportamientos ludópatas. Observamos también un incremento de la «pseudocomunicación» basada en gritos, insultos y humillaciones televisadas, el fomento del cotilleo, las acusaciones y la mala educación, así como un aumento de la adicción al sexo en detrimento del amor (pues, sin duda, nos iría mejor haciendo más el amor y menos la guerra), el estrés y las somatizaciones.

Me doy cuenta de que, como terapeutas, es nuestro deber, y como seres humanos, una necesidad, recordar y revisar lo que nos ha hecho sentir bien para modificar nuestra forma de pensar y actuar, buscando una mejor calidad de vida. Es urgente realizar un cambio de pensamiento y de actitud. Si no, pregúntenles a mis vecinos de enfrente: mientras escribo estas líneas, los oigo gritar e insultarse, faltándose el respeto mutuamente con sus hijos presentes, una escena que, lamentablemente, se vuelve más común cada día. En esos momentos, me enfado, me indigno y, como si estuviera poseída, asomo la cabeza por la ventana y grito: «¡Relájate, coño!». Luego, respiro hondo.

¡Esto mismo te digo a ti: relájate! Con este libro quiero reafirmar la importancia de conocer como están conectadas las palabras, los centros emocionales y tu salud, y cómo repercute en la calidad de tu vida, en tu presente y en tu futuro. ¿Cómo? Lo descubrirás al leerlo. Lo más importante es reflexionar sobre la importancia de tomar consciencia de cómo tus pensamientos y emociones influyen en tu cuerpo. Para lograrlo, primero debes decidir hacerlo. Luego, identifica tus pensamientos y tus palabras, y estate dispuesto a cambiar aquellas que perjudican tu salud. Te mencionaré herramientas útiles en este proceso y te ofreceré información valiosa para que entiendas cómo tus pensamientos afectan a tu cuerpo y cómo se manifiestan en síntomas físicos, permitiéndote gestionarlos por ti mismo. Información y aprendizaje son claves para ayudar a tu mente a superar las adversidades y encontrar la relajación en una sociedad repleta de estímulos estresantes, que también nos brinda la oportunidad de mirar hacia nuestro interior. Espero que, cuando termines de leer este libro y practiques lo que te muestro, al igual que algunos de mis pacientes, también tú puedas decirme:

Inmersos en nuestros problemas se nos olvida mirar hacia dentro y entender el origen de nuestras emociones.... Esther, muchas gracias por recordarnos la capacidad que tenemos todos de ser felices, independientemente de la situación en la que te encuentres, todos podemos dar y recibir luz por muy oscuro que esté todo.

¿Te animas a descubrir los misterios de tus centros emocionales y aprender a prevenir esas somatizaciones que tus pensamientos pueden causar? Si tu respuesta es sí, entonces este libro está hecho para ti.

Introducción

«Recuerda, pensamiento, sentimiento y acción
han de ir en la misma dirección».
(Esther Varas)

¿Alguna vez te has detenido a observar cómo piensas? ¿Qué pensamientos predominan en tu mente? ¿Cuáles son recurrentes y en qué momentos surgen? Estos pensamientos ¿son una elección personal o el resultado de lo aprendido? ¿Cómo reacciona tu cuerpo ante ellos? ¿Te relajan o, por el contrario, te ponen nervioso y te estresan? ¿Te has planteado alguna vez la posibilidad de que tus pensamientos y sentimientos pueden dañar tu cuerpo? Así como también pueden aliviarlo.

Estas cuestiones han rondado mi mente durante mucho tiempo. Tras años de estudio, he comprendido que conocer mis pensamientos, mi proceso mental, mis emociones y mis objetivos es esencial para entender cómo se forman mis creencias, ideas y habilidades. Esto responde a interrogantes como: ¿quién creo que soy? ¿Cómo me percibo? ¿Cómo he llegado hasta aquí? ¿Qué sentido tiene mi vida? ¿Por qué mi cuerpo reacciona de forma diferente cuando pienso en algo agradable? ¿Y por qué me encojo cuando tengo miedo? Seguro que las respuestas me ayudarán a aceptarme incondicionalmente. Un evento traumático personal me impulsó a investigar la influencia de los pensamientos y emociones en el cuerpo físico. Descubrí la medicina psicosomática y, conforme profundizaba en su estudio, me fascinaba cómo una sola percepción o emoción podía enfermarme o hacerme sentir extremadamente feliz. ¿Cuántos enigmas esconde nuestra mente y cuerpo? ¿Cuánto desconocemos sobre el inmenso poder que tienen nuestros pensamientos y palabras?

En todos mis libros, reflejo este interés, que se ha transformado en mi filosofía de vida para entender y ayudar a los demás. Me resulta fascinante descubrir cómo, en la antigüedad, se atribuía un origen místico a las enfermedades consideradas del alma, cuando no se tenían conocimientos científicos como los que ahora conocemos. Cada pueblo y cultura tenía un dios o varios dioses sanadores. Por ejemplo, los egipcios invocaban a Sekhmet y a Osiris, mientras que los hindúes reverenciaban a Vishnu-Rama. En la medicina ayurvédica, destaca la importancia de la relación entre el psiquismo y el cuerpo, integrando lo físico, lo mental y lo espiritual. Los chamanes creían necesario revivir el pasado del individuo para descubrir los orígenes de sus dolencias; actualmente, conocemos las terapias regresivas gracias a Brian Weiss. Los griegos invocaban a Apolo y filosofaban sobre la inmortalidad del alma, y el romano Séneca sentó las bases de lo que más tarde llamaríamos introspección.

La medicina ha evolucionado significativamente. En un momento dado, Oriente centró su atención en buscar las causas de las dolencias dentro del individuo, definiendo una estructura física de *siete centros emocionales*. Cada uno de estos centros abarcaba un grupo específico de órganos, ligados a emociones particulares y sus contrapartes opuestas. Estos centros reflejaban y simbolizaban nuestro desarrollo emocional y psíquico desde el nacimiento hasta la muerte. Por otro lado, la medicina en Occidente buscaba las causas más en el exterior del individuo. Para comprender nuestra historia, es esencial conocerla; solo así podremos entender mejor la actualidad.

Pensando en ti

Cuando empiezo a escribir un libro, me pregunto: ¿qué puede aportar este libro? ¿Qué me impulsa a comprar un libro y no otro, en una sociedad invadida por la pseudoinformación que ofrecen las redes sociales, la cantidad de libros carentes de calidad y la piratería, con una escasez de paciencia y tan poca valoración del conocimiento? Para mí, ese impulso es la esperanza de que el libro me aporte al menos una idea para entender y solucionar un problema, ya sea personal o profesional. Te invito a leer este libro con la mente abierta, a captar ese mensaje y esa inspiración. Así, habrás contribuido a cumplir el objetivo de este trabajo.

Acompáñame en este viaje a través del conocimiento y la importancia de prácticas diseñadas para ayudarte en la búsqueda del más codiciado grial humano: la paz, la salud y el equilibrio interior. En los tiempos actuales, con las prisas, la crisis y sus efectos colaterales, siento que, para muchos, este objetivo se ha convertido en una ilusión, cuando en realidad es una oportunidad para aprender algo nuevo.

La información que te voy a enseñar no es nueva, pero basándome en las teorías y conocimientos que he aprendido, he desarrollado una forma novedosa de trabajar los siete centros emocionales, junto con ejercicios y meditaciones que podrás practicar. Es el momento de recuperar todo ese conocimiento que ya practicaron nuestros ancestros, para que puedas aplicarlo cada día en tu vida y disfrutar de los satisfactorios resultados que obtengas. Estoy convencida de que será muy enriquecedor. En algunos casos, aprenderás y en otros recordarás la utilización de dichas técnicas para tu propio descubrimiento y conocimiento interior. Tomaras conciencia de la importancia de la respiración, la relajación y la visualización, junto con técnicas sugestivas para disminuir la actividad mental. A este método le llamo «hipnomeditación», una combinación equilibrada entre técnicas de sugestión hipnótica, cuyos efectos permiten prolongar los resultados durante más tiempo, y la meditación, un enigma para la ciencia que sigue estudiando sus excelentes beneficios. Si lo practicas de forma regular, la actividad cerebral en la parte prefrontal izquierda de la corteza, el asiento de las emociones positivas se intensifica. Esto reduce la actividad cerebral en la parte derecha del córtex, que es el centro de las emociones negativas y la ansiedad.

En esta sociedad tan estresante, donde la impaciencia parece ser la reina y la tecnología nos roba la calma, toma mi mano y, a tu propio ritmo, vamos a deshacernos de lo viejo y abrir nuestras mentes a nuevas perspectivas que ayudarán a tu cerebro a trazar otras rutas y hábitos saludables para lograr tus sueños. Si te sumerges en las páginas de este libro y te entregas a las prácticas que sugiero, como la respiración diafragmática o la respiración en cuatro tiempos, y te dedicas a la meditación con visualización guiada, no solo entenderás el poder de tus pensamientos sobre tu cuerpo, sino que también saborearás la dulce sinfonía del equilibrio entre mente, cuerpo y espíritu.

¿Me sigues? Comenzaremos a paso lento pero seguro, haciendo escalas estratégicas en cada centro emocional para ver cómo funciona, entenderlo y gestionarlo. Recuerda, cómo vivir tu vida es tu elección.

Plan para saltar

¿Estás preparado? Te invito a aprender de la información que encontrarás en las páginas siguientes y, por supuesto, practica la reflexión. Si trabajas en ello… ¡funciona! Por favor, sé paciente, perseverante y compasivo contigo mismo. Recuerda que estás aprendiendo algo nuevo, lo que implica recorrer un camino distinto al que has seguido hasta ahora, salir de tu zona de confort y aventurarte en la zona de aprendizaje. A veces, esta zona está llena de obstáculos, pero son ellos los que te ayudarán a transformarte en la persona que realmente eres. Tú serás el nuevo arquitecto de tus pensamientos, actitudes y decisiones. ¿No te parece emocionante?

Si alguna vez dudas de si tu esfuerzo valdrá la pena, piensa en lo que sucede cuando no hacemos «nada». Al no actuar, nos quedamos estancados, sin posibilidad de crecimiento o mejora. Al contrario, cada pequeño paso que das te acerca a tu objetivo y te permite evolucionar como persona. Así que, adelante, ¡confía en el proceso y disfruta del viaje!

«La fábula de la recompensa del esfuerzo»

Un hombre encontró un capullo de una mariposa y lo llevó a su casa para observar a la mariposa cuando saliera del capullo. Un día notó un pequeño orificio en el capullo, y entonces se sentó a observar por varias horas, viendo que la mariposa luchaba por poder salir.

El hombre la vio que forcejeaba duramente para poder pasar su cuerpo a través del pequeño agujero, hasta que llegó un momento en el que pareció haber cesado de forcejear, pues aparentemente no progresaba en su intento. Parecía como que se había atascado.

Entonces el hombre, sintiendo lástima, decidió ayudar a la mariposa y con una pequeña tijera corto al lado del agujero para hacerlo más grande, y ahí fue que por fin la mariposa pudo salir del capullo.

Sin embargo, al salir la mariposa tenía el cuerpo muy hinchado y unas alas pequeñas y dobladas. El hombre continuó observando, pues esperaba que, en cualquier instante, las alas se desdoblarían y crecerían lo suficiente para soportar al cuerpo, el cual se contraería al reducir lo hinchado que estaba.

Ninguna de las dos situaciones sucedieron y la mariposa solamente podía arrastrarse en círculos con su cuerpecito hinchado y sus alas dobladas. Jamás logró volar.

Lo que el hombre, en su bondad y apuro, no entendió fue que la restricción de la apertura del capullo y el esfuerzo de la mariposa por salir por el diminuto agujero eran parte natural del proceso que forzaba fluidos del cuerpo de la mariposa hacia sus alas, para que alcanzasen el tamaño y fortaleza requeridos para volar.

Al privar a la mariposa de la lucha, también le fue privado su desarrollo normal.

Un poco
de historia

«Conocer la historia nos ayuda
a comprender nuestro presente».
(Esther Varas)

Con los años, he llegado a comprender la importancia de la historia, tanto personal como universal. Nuestra memoria, aunque parece frágil, nos lleva a olvidar o reprimir ciertos hechos, sin embargo, para entender plenamente lo que ocurre en la actualidad, debemos mirar atrás y reflexionar sobre lo sucedido en el pasado. Por ello, quiero comenzar recordándote brevemente cómo se consideraba la ciencia antaño para entender la evolución de la relación mente-cuerpo. Durante mucho tiempo, la ciencia fue muy estricta, excluyendo una parte importante de la realidad en lo referente a la concepción del ser humano, en particular la integración entre el cuerpo y el alma. Por ejemplo, con René Descartes, uno de los padres de la Ilustración, se reconoció en el reduccionismo de la primera mitad del siglo XVII que el ser humano estaba formado por dos principios: el cuerpo, material, que se manifestaba a través de los atributos físicos; y el alma, espiritual, que se manifiesta por el pensamiento y la voluntad. Se llegó a un acuerdo entre la Iglesia y el Estado en el que la ciencia sería la encargada de estudiar el cuerpo, mientras que la teología estudiaría el alma. Descartes también sostenía que el pensamiento estaba relacionado con el yo espiritual. Con su famosa frase «pienso, luego existo», quiso evidenciar la existencia del alma, basándose en el pensamiento.

Sin embargo, antes de este periodo, los griegos desarrollaron una concepción mucho más holística del ser humano. En su ideal de **areté**, promovían un equilibrio integral entre mente, cuerpo y espíritu, enfatizando la necesidad de cultivar cada uno de estos aspectos para alcanzar la excelencia. Para ellos, el espíritu era el depósito de valores como la honra, la integridad y el heroísmo, mientras que la educación física y mental se consideraban igualmente esenciales para la preparación del individuo, tanto para las batallas como para el deporte. Este enfoque multidimensional también estaba presente en su modelo de enseñanza conocido como **paideia**, mediante el cual las escuelas filosóficas combinaban disciplinas físicas, intelectuales y espirituales para el desarrollo completo del potencial humano.

— El entrenamiento físico: incluía la preparación para la batalla y el deporte, con actividades como el juego con la pelota y las disciplinas que conformarían la olimpiada: carrera de distintas distancias, salto, lanzamiento de disco, lanzamiento de jabalina, lucha cuerpo a cuerpo, pugilato (una versión arcaica de boxeo) y el pancracio, una lucha que combinaba cuerpo a cuerpo y boxeo sin reglas aparentes. También se incluían habilidades como la navegación y la equitación.

— El entrenamiento mental: comprendía la oratoria, la retórica y la filosofía, abarcando áreas como la física, las filosofías de vida (reflexiones teóricas y prácticas sobre cómo vivir una existencia plena) y la geometría.

— El entrenamiento espiritual: incluía disciplinas como la música y el teatro, entre otras.

La evolución de la relación mente-cuerpo muestra un cambio de paradigmas, desde el reduccionismo cartesiano hacia enfoques más integradores que reconocen la interconexión entre el físico, la mente y el espíritu.

Me di cuenta de que todo estudio parcial del ser humano me dejaba «coja», así que opté por una terapia integrativa, recuperando nociones de la filosofía aristotélica. Por ejemplo, en la obra *Ética a Nicómaco*, escrita por Aristóteles en el siglo IV a. C., ya podemos observar algunos vestigios de lo que hoy conocemos como psicología positiva al resaltar la importancia de las virtudes y la búsqueda de la excelencia personal para alcanzar la felicidad. Este enfoque holístico inspira la idea de integrar elementos de diversas disciplinas para comprender y promover el bienestar humano. También se recuperó de la filosofía aristotélica la visión de que «el conocimiento científico debe provenir de la reducción de los fenómenos a sus partes más elementales, de modo que su construcción sea el resultado de la interconexión de esas partes, descritas por leyes matemáticas. Así es posible reconstruir hipotéticamente todos los fenómenos naturales desde un punto de vista matemático». La base de su teoría se encuentra en Leucipo y Demócrito, quienes fueron los primeros en señalar la existencia de pequeñas partículas en movimiento en los cuerpos, los átomos: «no hay más que átomos en el espacio», y en determinar que el alma está compuesta por átomos más pequeños y móviles que los del cuerpo, vinculando lo material con lo espiritual. Posteriormente, científicos como **Isaac Newton** y **Albert Einstein** expandieron esta visión. Newton observó que «son muchas las razones que me llevan a pensar que todo se debe a ciertas fuerzas, mediante las cuales las partículas del mundo se atraen o se repelen y llegan a formar ciertas figuras». Einstein suscribió que «el objetivo supremo de los físicos es llegar a las leyes elementales y universales, gracias a las cuales todo el cosmos se puede construir mediante una pura deducción». Este enfoque refleja una continuidad en el intento de reducir fenómenos complejos a leyes fundamentales, uniendo las perspectivas clásicas y modernas.

En conjunto, esta integración de filosofía, ciencia y psicología subraya la importancia de comprender al ser humano desde un enfoque holístico. Más allá de fragmentar las disciplinas, estas ideas invitan a una visión unificada del conocimiento que permita abordar las complejidades del cuerpo, la mente y el espíritu. Así, se reconoce que tanto las ciencias como las humanidades contribuyen al entendimiento integral de nuestra existencia.

Hace ciento cincuenta años, Allan Kardec alegaba que «el pensamiento es un atributo del alma». Según él, es el ser espiritual quien da vida a la materia humana, siendo el pensamiento, la inteligencia, las cualidades morales y la consciencia sus atributos. El alma es el centro de todas las potencialidades del ser humano, de donde proceden sus pensamientos, inteligencia, tendencias artísticas, percepción científica, carácter, intuición y consciencia. El pensamiento es un atributo del alma, pues preexiste a la formación del cuerpo y se mantiene, con toda su individualidad, después de la desintegración de este.

A raíz de los avances en la física, se inició un viaje hacia la comprensión de las partículas más fundamentales de la materia, descubriendo componentes como los *quarks*, los leptones y los gluones, que forman la base de toda la estructura del universo. Partiendo de las incursiones en la física cuántica, Demócrito distinguió entre el pensamiento y la sensación: «Para pensar con cierta tranquilidad, es necesario liberarse de las sensaciones, de la práctica, ya que la sensación es un conocimiento no auténtico, dada su naturaleza perturbadora». Esto marcó un enfoque conceptual que desafió las perspectivas tradicionales, allanando el camino para nuevos paradigmas de entendimiento. En paralelo, el pensamiento reduccionista tuvo un impacto crucial en la evolución de la medicina, al redefinir su enfoque hacia un marco racional y científico, según apunta Ana Martos Rubio, brillante psicóloga. «Es la primera vez que la medicina responde con una explicación patogénica a la tradición mágica hasta ahora vigente, y el médico comienza a aplicar los cinco sentidos para explorar al paciente y afrontar al enfermo de forma racional y humana, con el objetivo de curarle». Este nuevo paradigma llevó a los médicos a emplear sus cinco sentidos de manera sistemática para observar, diagnosticar y tratar a los pacientes. Este enfoque transformó la relación médico-paciente, introduciendo una perspectiva más humana y objetiva con el fin último de curar al enfermo.

En el siglo XIX, con la llegada del psicoanálisis de Freud, se profundizó en la comprensión de cómo los conflictos emocionales no resueltos podían causar síntomas físicos. Hoy en día, sabemos que pensamientos, sentimientos, deseos, recuerdos, impulsos e instintos son intrínsecos e inseparables del mundo exterior. Podemos optar por creer que no necesitamos ningún factor adicional a los genes para explicar satisfactoriamente las características de los organismos, lo que nos llevaría al determinismo genético. O bien, podemos reconocer que nuestras explicaciones son el resultado de nuestras maneras particulares de percibir los fenómenos naturales, influenciadas por las consecuencias de las opciones que hemos elegido para estudiarlos, lo cual nos lleva al pluralismo explicativo.

La importancia de la palabra

Los seres humanos interpretamos la realidad a través de los sentidos. Lo que percibimos a través de ellos, si no lo podemos experimentar, creemos que solo está en nuestra imaginación. Los instrumentos que utilizamos para observarlos, como los receptores y el sistema nervioso, nos proporcionan una imagen de la realidad, y creemos que esta es la realidad. Sin embargo, se ha demostrado científicamente que nuestra percepción difiere de la realidad. Depende de los receptores que se hayan desarrollado; el resto es solo una ilusión. Lo que vemos es solo una interpretación de nuestros receptores y de lo que hemos aprendido por nuestra experiencia. En definitiva, es una respuesta del observador, información esencial para darnos cuenta de que cada persona percibimos lo que llamamos «realidad» según nuestros filtros personales fruto de las experiencias vividas. La medicina ayurveda lo explica claramente, aunque cuenta con seguidores y detractores.

La medicina ayurvédica es una disciplina «holística» que aborda todos los aspectos de la salud física, mental, espiritual, social y del entorno. En definitiva, abarca todo lo relacionado entre el individuo y el universo, incluyendo el estilo de vida, los hábitos dietéticos y su variación estacional, y cómo estos aspectos se interrelacionan y conviven para generar la salud. Etimológicamente, la palabra sánscrita «ayur-veda» significa «conocimiento de la vida». Este sistema de salud tradicional, según los eruditos, se formuló hacia el 500 a. C.

Considera la salud como un estado natural de equilibrio, que se manifiesta en una actitud de alegría y vitalidad, y que requiere menos energía. Cuando hay un desequilibrio, ya sea una enfermedad en el cuerpo o en la mente, se consume una gran cantidad de energía. El ideal sería mantener este equilibrio, y el dolor sería una señal de desequilibrio que indica que algo no está funcionando bien. Reconoce que los seres humanos tienen distintas naturalezas y necesidades, por lo que lo que es bueno para unos puede no serlo para otros. Defiende que, para estar sanos, debemos conocer nuestra propia naturaleza. Por ello, un sistema de salud completo debe abarcar al individuo y al universo que lo rodea, así como la conexión entre ambos. Además, debe enseñarnos a elegir lo que necesitamos y a evitar lo que no deseamos, para conseguir el bienestar.

Los principios fundamentales que determinan las cualidades del individuo y su relación con el entorno se llaman *doshas*, y son: *Vata*, *Pitta* y *Kapha*. Cada persona posee una combinación única de estos *doshas* que define sus características físicas, mentales y emocionales.

Dado que percibimos nuestras experiencias a través de los sentidos, y considerando que cada *dosha* está vinculado a elementos y sentidos específicos que influyen en cómo percibimos el mundo, se plantea la hipótesis de que, si comprendemos nuestras cualidades y sabemos cómo mantenerlas en equilibrio, podremos tomar decisiones más saludables. Estos principios son los siguientes:

Vata: asociado al sentido del oído y al elemento espacio (éter), así como al tacto y al elemento aire.

Representa el movimiento y la comunicación. Es responsable de funciones motoras y sensoriales, y de procesos como la respiración, la circulación y el impulso nervioso.

Un desequilibrio en *Vata* puede causar ansiedad, sequedad en la piel, insomnio o problemas digestivos.

Pitta: relacionado con el sentido de la vista y el elemento fuego, además del sentido del gusto y el elemento agua.

Representa el metabolismo y la transformación. Controla la digestión, el calor corporal, la inteligencia y las emociones, como la pasión.

Un *Pitta* desbalanceado puede generar irritabilidad, inflamación, fiebre o úlceras.

Kapha: vinculado al sentido del olfato y al elemento tierra, así como al gusto y al elemento agua.

Representa la estructura y la cohesión. Proporciona estabilidad, fuerza y lubricación en las articulaciones y tejidos.

Un exceso de *Kapha* puede ocasionar letargo, acumulación de grasa o problemas respiratorios como alergias.

La medicina ayurvédica, aunque antigua, es compatible con el pensamiento científico del siglo XXI. En este sentido, la física también ve el universo como energía, formado por átomos que, a su vez, se componen de partículas subatómicas (pequeños haces de energía). Esta energía emocional, mental y espiritual es conducida a nuestro cuerpo a través de los pensamientos, produciendo reacciones biológicas que se almacenan en nuestra «memoria celular» y se manifiestan físicamente.

Por lo tanto, un pensamiento es un «fenómeno cuántico» y, en física, «un *quantum* es la unidad indivisible más pequeña en la que se transmite y absorbe la energía e información que es enviada por un pensamiento». Según esta teoría, materia y energía son intercambiables; es decir, todos los «cuantos» se componen de «sombras de energía» o vibraciones invisibles que en un momento dado adquieren forma física. Aplicando esta teoría al cuerpo humano, como hizo el

Dr. Deepak Chopra en 1994, primero lo concebimos en forma de vibraciones intensas invisibles y, más tarde, este se transforma en impulsos de energía y partículas de materia.

Por tanto, el cuerpo «humano mecánico cuántico» propuesto por el Dr. Chopra en 1994 es una metáfora que busca integrar los principios de la física cuántica con la complejidad y la naturaleza interconectada del cuerpo humano. Según esta perspectiva, nuestro cuerpo no es solo una máquina biológica, sino también un sistema dinámico que interactúa constantemente con el entorno físico, emocional y energético.

La idea central se basa en que todo lo que somos, desde nuestros pensamientos y emociones hasta nuestras células y órganos, está profundamente interconectado. Esto implica que el cuerpo funciona como un transmisor y receptor de señales invisibles, que podrían ser interpretadas como vibraciones o energías que reflejan nuestro estado interno. Estas señales pueden surgir de emociones, patrones de pensamiento y experiencias, y el desafío está en aprender a ser conscientes de ellas, interpretarlas y utilizarlas para nuestro bienestar.

Por ello se postula que cada ser humano es responsable y tiene la capacidad de influir en el cuerpo en el que habita. A través de nuestra «inteligencia interior», somos capaces de moldear nuestra salud y bienestar. La inteligencia interior se refiere a la sabiduría inherente que reside en cada uno de nosotros, una especie de guía interna que puede ayudarnos a alcanzar un estado de equilibrio, salud y autorrealización, lo que Chopra describe como «estar establecido en uno mismo». Por ejemplo: cuando pensamos en algo negativo, el cuerpo reacciona con tensiones, incomodidad o incluso síntomas físicos como el aumento del ritmo cardiaco. Por el contrario, los pensamientos positivos pueden generar una sensación de calma, relajación y bienestar. Esto subraya cómo nuestras emociones y pensamientos no solo afectan nuestro estado mental, sino que también tienen un impacto directo en nuestra fisiología.

En resumen, este concepto invita a reflexionar sobre la responsabilidad personal en la creación de nuestra realidad física y emocional, y cómo aprender a interpretar las señales del cuerpo nos puede ayudar a vivir de manera más consciente y alineada con nuestro verdadero potencial. La clave está en cultivar una relación armónica entre mente y cuerpo, permitiendo que nuestra inteligencia interior sea la guía hacia una vida plena.

¿Puedes imaginarte todo el día lanzando pensamientos negativos? Todo lo que observamos y comunicamos lo hacemos a través de la palabra, por lo que la palabra crea nuestra realidad. Es muy importante cómo la utilizamos y cómo hablamos de nosotros mismos y de los demás. Puede ser difícil de entender y aceptar que, de alguna manera, somos responsables de nuestra enfermedad y realidad. Las palabras influyen en nuestro día a día, en nuestra actitud, en nuestros pensamientos y sentimientos. Pero si esto es así, ¿por qué no plantearnos que también tenemos la capacidad de sanar?

La tendencia natural del cuerpo es recuperar su equilibrio; sabe qué le conviene y qué le perjudica. Sin embargo, a veces debemos enseñarle el camino, aprendiendo a escucharlo para así modificar nuestra actitud mental y nuestra aptitud. Como decía Sócrates: «El mal uso del lenguaje introduce el mal en nuestra alma».

Resumiendo, la inteligencia interna tiene su origen en nuestro yo, que puede experimentar diferentes estados físicos o mentales como ansiedad, alegría, angustia, nerviosismo, etc. Accedemos a este cuerpo cuántico a través del «silencio interior», practicando la meditación y la relajación, lo que nos proporciona bienestar. Somos responsables de nuestro bienestar, pues la tendencia natural del cuerpo es volver a su equilibrio. Nuestro cuerpo sabe qué le conviene y qué le perjudica, y nos lo hace saber a través de las molestias y los síntomas previos a una enfermedad, es decir, somatizando. Debemos aprender a escucharlo e interpretarlo, para así modificar nuestros pensamientos, nuestra actitud mental y nuestra aptitud.

Utilizando la mente y la intención, podemos generar pensamientos productivos y útiles. Matthieu Ricard habla de la «plasticidad de la mente», lo cual ayuda a nuestro cuerpo a equilibrarse y a sanar «ayudado también por el uso adecuado de la dietética, el ejercicio físico, el pensamiento positivo y espiritual, el recitar mantras, mantener la serenidad, disfrutar del aire libre, el calor y la luz. Espiritualidad entendida desde mi relación con el todo a través del amor, desde la aceptación y disfrute de la vida, y así diferenciar entre mi parloteo mental y mi silencio, entre mi mente y mi corazón. En el discurso intento llegar a ser algo. En el silencio soy».

Una vez que somos conscientes de esta valiosa información, te invito a aprender a estar aquí y ahora. ¡Presta atención, escucha y coopera con tu naturaleza y tus necesidades! Esto significa que descanses cuando estés cansado, comas cuando sientas hambre y observes cómo te hablas y te tratas a ti mismo. Sé que esto lo has leído en muchos textos, o incluso lo has oído en tu círculo cercano. Sin embargo, te animo una vez más a que lo practiques y decidas por ti mismo si estamos en lo correcto o no.

¿Continuamos?

Según el Dr. Chopra, percibimos la realidad desde lo que denomina «materialismo», es decir, el mundo físico. Somos entidades físicas que hemos aprendido a percibir a través de los sentidos, aunque estos son los menos fiables para captar lo que llamamos realidad. El cuerpo humano no es una estructura anatómica rígida; se renueva constantemente, pero los tiempos de regeneración varían según los tipos de tejidos. Fabricamos un nuevo hígado cada ocho meses, un nuevo esqueleto cada tres meses, un nuevo ADN cada seis meses, etc. Todo está vivo y cambiando continuamente. Por ello, si comprendemos los mecanismos que provocan la enfermedad e interferimos en ellos, podremos eliminarlos o, al menos, prevenirlos. La hipótesis de trabajo es que esos mecanismos no son la causa de la enfermedad y las condiciones que llevan a la enfermedad no son las que llevan a la salud, ya que la salud se define como «un estado de vitalidad, energía y creatividad; en definitiva, la salud es un estado superior de conciencia».

¿No es fascinante? Imagina el poder que tienes al enfocarte únicamente en lo positivo y visualizar tus metas ya alcanzadas. ¿Puedes visualizarlo? ¿Y cómo lograrlo? Reflexiona... ¿Podría la naturaleza operar de la misma manera para crear tanto un cuerpo humano como un pensamiento? Entonces, ¿qué es un pensamiento y de dónde surge?

Según el *Diccionario de la lengua española*, «pensamiento» es la «capacidad o facultad de pensar», y «pensar», cuya etimología se remonta al latín *«pensare»*, se define como «imaginar, considerar, discutir, reflexionar, examinar con detenimiento algo antes de formar una opinión». El concepto de imaginar es fundamental en mi práctica de relajación, aunque reconozco que hoy en día parece estar en declive.

Los pensamientos se convierten en fenómenos espaciotemporales que denominamos «materia». Junto con la interpretación que hacemos de las emociones, sentimientos, deseos, impulsos, instintos y recuerdos, pueden transformarse en fenómenos bioquímicos que repercuten en el cuerpo físico. Estos mensajeros bioquímicos del cerebro se conocen como «neuropéptidos». A través de ellos, las células cerebrales se comunican entre sí y con receptores similares en todo el cuerpo. Las células inmunológicas tienen receptores para estos mismos neuropéptidos, generados a partir de pensamientos, sensaciones y más. Estas células están al tanto de nuestro diálogo interno constante, influyendo en la totalidad de nuestro ser.

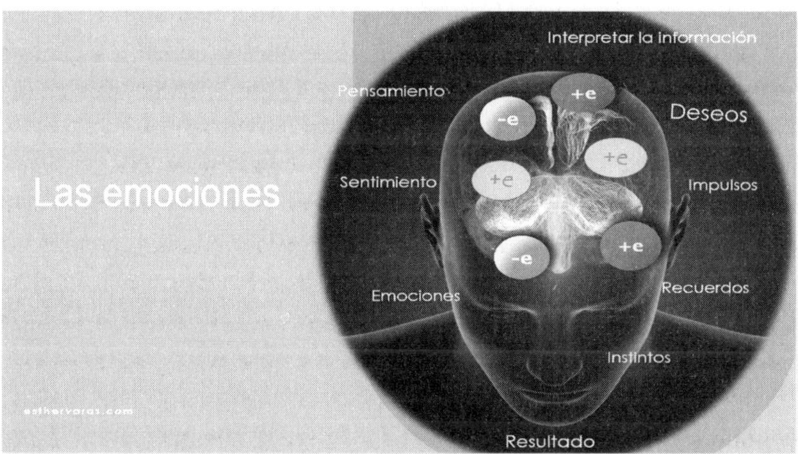

A su vez, el mundo físico está compuesto por información y energía que experimentamos a través de nuestros sentidos. Estos transforman esa información y energía en sabores, texturas, formas, colores y olores. En nosotros, se produce una asociación entre lo que percibimos y lo que hemos aprendido de nuestras experiencias, experimentándolo en el cuerpo físico y en la mente como emociones, sentimientos, pensamientos y deseos. Por ello, es crucial prestar atención a los mensajes que enviamos a nuestro cuerpo, a cómo nos comunicamos con nosotros mismos, y cómo expresamos los pensamientos, emociones y sentimientos. Esto influirá en nuestro estado de ánimo y en nuestra salud.

¿Ha quedado claro?

La información que nos transmitimos lleva un componente energético. Si hasta ahora esa información ha sido negativa y el resultado obtenido no ha sido el deseado, te propongo que a partir de ahora prestes atención a cómo hablas y utilizas el lenguaje. Cámbialo por palabras positivas y optimistas, y observa cómo reacciona tu cuerpo y tu mente. Te aseguro que los resultados pueden ser asombrosos.

Identificar la información que nos enviamos de forma consciente o inconsciente a nuestro cuerpo, y ver cómo reaccionamos tanto fisiológica como conductualmente, es primordial. Como dijo Buda: «Somos lo que pensamos. Todo lo que somos surge de nuestros pensamientos. Con nuestros pensamientos, construimos nuestro mundo».

Podemos aprender a detectar esos pensamientos negativos y pesimistas, así como las creencias que los sustentan, y reconocer en qué situaciones se activan. Es importante observar las conductas y los sentimientos que emergen en nuestro cuerpo. Mediante la programación neurolingüística (PNL), podemos modificarlos a través de la repetición y la posterior habituación, una vez establecido el «anclaje» (las asociaciones conscientes que se realizan con la práctica inconsciente para modificar una conducta; es decir, son una relación del tipo estímulo-respuesta, causa-efecto, medio ambiente-condicionamiento). Si la transformación en el organismo está condicionada por la energía y la información, y estas, a su vez, están condicionadas por la interpretación de los pensamientos, sentimientos y emociones, al observar este proceso, podemos influir en estas manifestaciones de los estados de energía e información en nuestra conducta.

Antaño, se valoraba enormemente el poder de la palabra. Recordemos la Biblia —«pedid y se os dará»—, libros como *El juego de tu vida* de Florence Scovel Shinn, la *Retórica* de Aristóteles, o más recientes como *Poderes de la palabra* de Darío Villanueva o *¿Me hablas a mí?* de Sam Leith. ¿Por qué no tenemos en cuenta información tan valiosa? ¿Se nos ha olvidado acaso? ¿Quieres recuperar ese poder para comunicarte contigo mismo? Cuida tu lenguaje, háblate con respeto, amor y diligencia; y deja de lado las palabras que conllevan castigarte, juzgarte, exigirte y criticarte. Recuerda siempre que el pensamiento, el sentimiento y la acción deben enfocarse en la misma dirección.

Hemos visto que todas las células de nuestro cuerpo se renuevan constantemente, aunque los tiempos de regeneración varían según los tipos de tejidos. Entonces, es probable que también te preguntes, ¿por qué sigo enfermo o manteniendo la misma enfermedad que tenía hace años? Una de las explicaciones que he encontrado es a través de la programación neurolingüística (PNL). Esta señala que esto se debe al condicionamiento que establecemos entre un estímulo y una respuesta (llamado condicionamiento clásico). Generamos los mismos impulsos de información y energía, y olvidamos que, aunque ya no son los mismos sentimientos, pensamientos, emociones ni ideas, sí permanecen los mismos hábitos de conducta, ideología, dieta y expresión sensorial. Es decir, reproducimos los mismos estados de información y energía una y otra vez, lo que desencadena idénticos procesos bioquímicos y fisiológicos, las mismas conductas y los mismos defectos patológicos.

Para algunos autores, el desencadenante de la enfermedad es la falta de propósito en la vida, tal como lo expresó Viktor Frankl en su trascendental obra *El hombre en busca de sentido*. El ser humano es responsable de su propia felicidad, lo cual se ve influenciado por la formación de ideas positivas, su repetición hasta convertirse en hábito y la autenticidad con la que se sienten. Es necesario desaprender y reaprender nuestra filosofía de vida, generando energía positiva por nosotros mismos. Me ha sorprendido observar, a lo largo de mis años de experiencia con pacientes, que la mayoría no tenía un propósito o misión de vida definidos, y algunos ni siquiera se lo habían planteado.

En mi opinión, vivir sin una meta o propósito puede ser complicado, ya que es fácil perderse en cualquier momento. Sin saber hacia dónde dirigirse o qué hacer, uno puede sentirse desorientado, frustrado y desconsolado, entre otras emociones. Para evitar esta situación, te insto a buscar tu propósito de vida o, al menos, plantearte un objetivo a corto plazo. Ten en cuenta todo lo que has leído hasta ahora; recuerda que tus pensamientos e ideas y la interpretación que haces de ellos son «los mensajeros de la salud», condicionados por tu sistema de creencias y que se proyectan en la mente como una imagen. Estas, a su vez, generan un sentimiento que puede ser positivo o negativo, desencadenando una emoción que se manifiesta físicamente en la persona.

Los pensamientos que nos provocan serenidad, sabiduría, sonrisas, sueño, deseo sexual o curiosidad por aprender, contribuyen a que nuestro cuerpo segregue serotonina. Esto influye positivamente en el estado de ánimo y fomenta actitudes de amor, aprecio y amistad. Estos pensamientos también inciden en la producción de dopamina, la hormona del placer, que se incrementa con la presencia de comida apetitosa, al fumar, ir de compras, jugar, reír o disfrutar de una actividad placentera. Del mismo modo, afectan la producción de endorfinas, responsables de la sensación de «felicidad», que se potencia comiendo chocolate o dulces, haciendo ejercicio, riendo, viendo películas, leyendo, pintando o haciendo el amor.

Por otro lado, los pensamientos que generan conductas de resentimiento, rencor, represión y rabia, y que contribuyen a prolongar el estrés en el tiempo —algo muy frecuente hoy en día debido al ritmo de vida que llevamos—, favorecen el incremento de los niveles de cortisol en el organismo. Esta hormona, producida por las glándulas suprarrenales situadas sobre los riñones, se libera al torrente sanguíneo en pequeñas pero dañinas cantidades, elevando rápidamente la frecuencia cardiaca, la presión arterial y acelerando la producción de energía, preparando al cuerpo para la huida.

Si la crisis de estrés se mantiene, el cortisol comienza a dañar órganos, incluido el cerebro, y provoca cambios en el comportamiento, induciendo actitudes depresivas, desolación, desarmonía, irritabilidad, ganas de llorar, cansancio crónico, dolor de cabeza, hipertensión, problemas digestivos y pérdida de memoria, entre otros. Todo esto constituye una causa de sufrimiento y es perjudicial para la salud y el crecimiento personal. Reconocer estos factores y trabajar en la gestión de nuestros pensamientos y emociones es fundamental para alcanzar el bienestar y promover el crecimiento personal.

Muy importante...

Insisto, la conexión entre nuestros pensamientos y la salud física y emocional es un tema profundamente relevante que resalta la interrelación entre la mente y el cuerpo. Como seres espirituales y conscientes, nuestra mentalidad ejerce una influencia poderosa sobre nuestro bienestar general. Los pensamientos negativos y pesimistas no solo afectan nuestro estado emocional, sino que también pueden desencadenar una serie de reacciones fisiológicas que repercuten en el cuerpo.

El impacto de los pensamientos negativos radica en la liberación de hormonas como el cortisol, conocida como la hormona del estrés. Cuando experimentamos estrés prolongado, ansiedad o pensamientos negativos recurrentes, los niveles elevados de cortisol pueden afectar negativamente nuestro sistema inmunológico, reducir nuestra capacidad para combatir enfermedades y contribuir a condiciones crónicas como hipertensión, enfermedades cardiacas y trastornos metabólicos. Además, estos pensamientos pueden manifestarse en síntomas psicosomáticos, como dolores musculares, fatiga o problemas digestivos, reflejando cómo la mente influye directamente en el cuerpo.

Por otro lado, los pensamientos positivos están vinculados a un mejor estado de salud y bienestar. Emociones como la gratitud, la alegría o la esperanza estimulan la producción de endorfinas, dopamina y serotonina, hormonas relacionadas con el placer y la felicidad, que fortalecen el sistema inmunológico, promueven la recuperación y contribuyen a una mayor longevidad. Este tipo de mentalidad fomenta un círculo virtuoso en el que el bienestar emocional refuerza la salud física.

Más allá del plano biológico, la importancia de los pensamientos también recae en su capacidad para moldear nuestras percepciones y acciones. Los pensamientos positivos nos inspiran a adoptar comportamientos saludables, como mantener una dieta equilibrada, realizar ejercicio o buscar conexiones sociales significativas. A su vez, estos hábitos fortalecen nuestro cuerpo y nuestra mente, creando un equilibrio integral.

En resumen, el pensamiento no solo refleja nuestra naturaleza espiritual, sino que también es una herramienta poderosa para moldear nuestra salud. Ser conscientes de los patrones mentales y aprender a redirigir los negativos hacia perspectivas más constructivas puede ser clave para vivir de manera más plena y saludable. A través de prácticas como la meditación, la atención plena o ejercicios de afirmación positiva, es posible cultivar una mentalidad que potencie nuestro bienestar integral, reforzando nuestra conexión entre mente, cuerpo y espíritu.

En este sentido, la «educación espiritual» juega un papel importante, ya que puede crear nuevas condiciones para las personas enfermas. El mal uso del pensamiento y su calidad pueden ser responsables de desequilibrios en el alma, inicialmente manifestados como nerviosismo, insatisfacción, descontento, depresión, pérdida de sueño, y que con el tiempo se transforman en problemas mentales y emocionales más serios. Estos problemas requieren tratamientos prolongados, a menudo con resultados poco satisfactorios. Si somos conscientes de cómo funciona nuestro cuerpo, de su dinámica, y de que podemos crear nuevas situaciones y realidades, ¿qué eliges?

Quiero compartir contigo las conclusiones de un estudio que recientemente he conocido, realizado por Matthieu Ricard, biólogo molecular francés y asesor personal del Dalai Lama. Ricard decidió dejarlo todo para seguir la senda de Buda. El estudio señala:

Científicos de la Universidad de Wisconsin llevan años estudiando el cerebro de Ricard, dentro de un proyecto en el que su cabeza ha sido sometida a constantes resonancias magnéticas nucleares, en sesiones hasta de tres horas de duración. Su cerebro fue conectado a 265 sensores para detectar su nivel de estrés, irritabilidad, enfado, placer, satisfacción y así con decenas de sensaciones diferentes.

Los resultados fueron comparados con los obtenidos en cientos de voluntarios cuya felicidad fue clasificada en niveles que iban del 0,3 (muy infeliz) a -0,3 (muy feliz). Ricard logró -0,45 desbordando los límites previstos en el estudio, superando todos los registros anteriores y ganándose el título de «el hombre más feliz de la tierra.

Aunque él prefiere resaltar la cantidad de emociones positivas que es capaz de generar su mente, practicando la meditación diaria para conseguir alejar los pensamientos negativos y concentrarse solo en los positivos, lo que el neurocientífico Richard J. Davidson denomina «plasticidad cerebral». La idea de este concepto es que la felicidad es algo que se puede aprender, desarrollar, entrenar, mantener en forma y lo que es más improbable, alcanzar definitivamente y sin condiciones.

Cada paso hacia el cambio es un paso hacia tu mejor versión. ¿Listo para transformar tu vida?

¡A practicar!

Vamos a crear juntos tu foco de trabajo y a llenarlo de energía positiva, con ideas positivas, optimistas y seductoras. Ya sea que lo conozcas o lo aprendas por primera vez, vamos a disfrutar el proceso y a enfocarnos en tu deseo y objetivo. ¡El cambio comienza ahora!

 **Pregúntate:** ¿qué es lo que quiero en mi vida? Puede ser una aspiración personal, laboral… Tómate tu tiempo. A veces, cuando nos hacemos este tipo de preguntas, sentimos ansiedad, desconcierto, impotencia; el «no lo sé» viene a nuestra mente de forma rauda y veloz. Es cierto que es una pregunta muy amplia y, quizás, no es el momento porque lo desconoces, estás perdido o no sabes cómo encontrarlo. Sería un objetivo demasiado «grande» o lo percibes muy lejano. Para calmar esa sensación, te propongo que te planifiques metas temporalmente cortas, cercanas en el tiempo y alcanzables; por ejemplo, qué deseo hoy, en esta semana, en este mes.

La mente inconsciente es un torbellino que se calma utilizando la imaginación, ¿cómo? Imagínate que estás en un estudio de producción de películas del tema que tú quieras. Tú eres el guionista y el director y sabes perfectamente cómo quieres ver cada escena. Si tienes problemas para ello, posiblemente sea porque estás limitado por tu realidad, tus creencias, educación, lo que has escuchado, etc. Por esta razón vas a crear algo nuevo, algo beneficioso para ti, algo que siempre has querido en tu vida sin escatimar detalles. Al imaginar algo nuevo, estás creando un nuevo circuito neuronal que será el responsable de modificar la biología en tu cerebro y con el tiempo, en tu realidad.

Vamos a practicar este ejemplo que a continuación leerás, pero te propongo que antes contestes a la pregunta: ¿qué quiero en mi vida? Y apliques los siguientes pasos.

Comenzamos:

Ejercicio de visualización

— Visualiza que estás en una habitación blanca y, frente a ti, te ves a ti mismo, totalmente sano y radiante. Eres la viva imagen de la salud perfecta, una visión muy poderosa para ti. Ahora, introduce esa imagen en una burbuja, en un huevo áurico de un color que te resulte atractivo… y con un cartel luminoso que proclame: «Soy la salud perfecta». Respira profundamente.

— Siente que eres la salud perfecta y ordena al frío, a los virus, a lo que sea que te esté bloqueando, que salga de tu cuerpo. Para facilitar el proceso, imagina que lo que te hace sentir mal tiene el aspecto de un pequeño señor que lleva una maleta etiquetada como «virus». Abre una puerta en la zona de tu cuerpo que te duele y ordénale que se vaya… Haz una respiración profunda mientras visualizas cómo se aleja por la puerta. Te sientes cada vez mejor. Luego, toma tu dedo meñique y apriétalo durante unos segundos. Estás realizando un anclaje.

— Si no lo consigues, investiga qué es lo que te impide sentirlo o creerlo. Es útil que escribas la experiencia y luego revises lo escrito. ¡Sé sincero! Así, al releerlo, podrás identificar qué es lo que te está bloqueando, qué es lo que no te crees, si te lo mereces, qué estaba sucediendo en el momento en que te sentiste enfermo. Una vez descubierto, cámbialo visualizando justo la situación opuesta con todo lujo de detalles.

— Una vez que hayas hecho el cambio, visualiza de nuevo la situación con el cambio ya incorporado y repite la frase: «Ahora disfruto de mi salud perfecta».

— Pasados unos minutos, aprieta tu dedo meñique y observa cómo te sientes… ¿Te sientes bien? ¡Genial! Ya tienes tu anclaje.

—¿Qué sientes? ¿Cómo reacciona tu cuerpo? ¿Lo crees? Si es así, ¡felicidades! Eres oficialmente tu mejor medicina. Continúa practicando hasta que tu cuerpo diga: «¡Eh, ya lo tengo, no necesitas recordármelo más!». En caso negativo, no te preocupes, repite el ejercicio, pero esta vez con más concentración. Revisa tus notas para descubrir dónde se esconde ese travieso bloqueo o resistencia.

¡Enhorabuena! Acabas de realizar un ejercicio de programación neurolingüística.

Somatización: el lenguaje secreto de nuestro cuerpo

«Nunca afirmes ni repitas algo sobre tu salud
que no desees que se cumpla».
(R. Waldo Trine)

Las tecnologías nos llevan a aprender nuevas formas de comunicación, lenguajes, expresiones y movimientos del mercado, ampliando nuestra «zona de confort», ese terreno donde nos sentimos seguros, donde todo está bajo control y nada se nos escapa. Esta zona está formada por nuestros hábitos, rutinas, conocimientos, habilidades, actitudes y comportamientos. Es todo lo que conocemos y a lo que estamos acostumbrados. Nada cambia a nuestro alrededor; actuamos como siempre lo hemos hecho sin modificar nada. Es como si estuviéramos tan cómodos en nuestra vida, aun sintiéndonos infelices, que no hacemos nada para buscar una solución y, por ende, dejamos de crecer. Si estamos cómodos, no estamos creciendo. Como dicen los andaluces, se cumple la «ley del apalanque», que reza: «dame un punto de apoyo y que se mueva tu madre».

Te estarás preguntando, ¿cómo sé si estoy en mi zona de confort? Sencillo: si has permanecido en el mismo lugar sin ver algún avance en tu vida, estás en tu zona de confort. Si continúas viviendo con tus padres, si sigues en el mismo trabajo que no te gusta sin aspirar a algo mejor y sin retribuciones satisfactorias, si mantienes una relación donde ya perdiste todo el deseo, si no has hecho lo que te gusta, aprendido alguna técnica o viajado más allá de los confines de tu ombligo, si no has introducido algún cambio, estás en tu zona de confort. Y lo peor es que no tienes ganas de modificarlo, porque estás acostumbrado a eso, es lo que conoces y, aunque no te guste, te da seguridad.

No hay nada peor que vivir dentro de una zona de confort que te molesta, pero no haces nada para cambiarla. Para todo lo que no nos gusta de la zona de confort, hemos creado el «conformismo», que utilizamos para convencernos de que, como en casa, no se está en ningún lado. ¿Por qué seguir siendo un rígido tronco de árbol en lugar de un flexible bambú nacido en un río? ¿Crees que tiene algún riesgo quedarse anclado mientras la vida cambia? ¡Pues sí! Existe el peligro de que se convierta en una zona de peligro liderada por «el rey Miedo», miedo a no poder volver a «casa», a tu zona segura. Pero esto no es cierto; tu casa siempre estará ahí, e incluso puede ampliarse.

Si no respondemos al cambio que se demanda y no ponemos en práctica nuevas habilidades, llegará otra situación que nos obligará a hacerlo. Las depresiones, somatizaciones y enfermedades, a veces, son el resultado de mantenernos anclados a una zona de confort. El temor de hacer algo nuevo, de dejar los hábitos pasados, de crear o abandonar rutinas, horarios, personas y comportamientos que nos hacen sentir seguros, en definitiva, de probar cosas nuevas, puede llevarnos a vivir otra experiencia y liberarnos.

¿Recuerdas la primera vez que aprendiste a escribir en el ordenador, a nadar o a saltar? ¿Cómo te sentiste? Al experimentar algo por primera vez, tu zona de confort se expande y das el salto hacia tu zona de aprendizaje. No es un cambio en el que pierdes lo que ya tenías; lo tuyo sigue siendo tuyo. Más bien, es un proceso de desarrollo personal en el que agregas conocimientos, habilidades, experiencias y nuevas rutinas, produciendo un gran cambio en la forma en que te percibes y te sientes. Seguro que, al aprender a escribir en el ordenador, no olvidaste cómo hacerlo con bolígrafo, ¿verdad?

Este concepto de la zona de confort no es nuevo; simplemente se le ha dado un nombre. Probablemente conozcas a muchos autores y sus obras que hablan de ello. Por ejemplo:

— En el año 1843, Charles Dickens en *Cuento de Navidad* nos incita a reflexionar sobre cuáles son las consecuencias de la forma de pensar y de actuar en el día a día, y la posibilidad de cambiar y transformar nuestro presente y futuro.

— En 1925, Florence Scovel Shinn nos da la opción *En el juego de la vida* de modificar nuestras condiciones de vida utilizando la palabra y la visualización.

— En 1936, Dale Carnegie, en *Cómo ganar amigos e influir sobre las personas*, nos invita a superar el miedo al rechazo y a desarrollar habilidades sociales para mejorar nuestras relaciones y alcanzar el éxito personal.

— En 1970, Richard Bach nos anima a ser valientes para ser diferentes e ir más allá de los condicionamientos sociales en su magnífico libro *Juan Salvador Gaviota*.

— En 1989, Robert Fisher, de forma magistral y original, nos enseña a través de *El caballero de la armadura oxidada* el proceso de cambio de un hombre que no sabe expresar sus sentimientos.

— En 1991, Judith Bardwick, en *Danger in the comfort zone*, introduce el concepto de la zona de confort y cómo superar sus limitaciones para alcanzar el crecimiento personal y profesional.

— El 1994, Anthony Robins, en *Pasos de gigante*, propone cómo alcanzar nuestras metas realizando pequeños cambios, para conseguir un gran cambio en la vida.

— En 1998, Spencer Johnson, mediante unos singulares personajes que simulan las diferentes personalidades humanas, en *¿Quién se ha llevado mi queso?*, nos hace conscientes del miedo que tenemos a encontrar caminos nuevos, buscar situaciones sencillas y cambiar en tiempos revueltos.

— En 2004, Wayne W. Dyer nos sorprende mostrándonos la intención como fuerza y motor para crear salud y prosperidad en nuestra vida en *El poder de la intención*.

— En 2004, Magali Dalix, en *Reborn: entrena para ganarte a ti mismo*, nos muestra cómo superar los límites físicos y mentales para alcanzar nuestros sueños.

— En 2006, Timothy Ferriss, en *La semana laboral de cuatro horas*, nos desafía a replantear nuestras prioridades y a salir de la rutina para diseñar una vida más libre y significativa.

— En 2012, Brené Brown, en *Daring greatly* (*El poder de ser vulnerable*), nos anima a abrazar la vulnerabilidad como una forma de superar el miedo y conectar auténticamente con los demás.

— En 2015, Matti Memmi, en *¿Te atreves a soñar?*, nos anima a enfrentar nuestros miedos y perseguir nuestros sueños, dejando atrás la comodidad.

— En 2016, Mel Robbins, en *The five second rule* (*La regla de los cinco segundos*), propone una técnica simple pero efectiva para vencer la procrastinación y tomar decisiones audaces que nos saquen de nuestra zona de confort.

El aprendizaje, el conocimiento y el crecimiento personal se pueden alcanzar si te atreves a salir de tu zona de confort. Es cierto que lograrlo implica exponerse a la incomodidad, mientras que permanecer cómodo a menudo conduce a la frustración. Entonces, la pregunta esencial es: ¿qué es lo que realmente quiero? ¿Optar por crecer como persona, alcanzando un nivel óptimo de satisfacción y salud? ¿O prefiero vivir una vida marcada por la frustración y el malestar? Además, dar ese salto puede incrementar los niveles de serotonina, influyendo positivamente en nuestro estado de ánimo y reduciendo las somatizaciones. Tic, tac, tic, tac… el tiempo avanza inexorablemente y no querrás que te crezcan telarañas. La decisión de dar el salto es exclusivamente tuya. ¿Estás listo ahora para dar ese salto?

A ti, ¿te enseñaron a respirar? ¿Crees que nacimos sabiendo hacerlo? Aprendemos casi de forma automática a respirar, a comer y a realizar movimientos que nos permiten sobrevivir. Nuestro corazón late sin ninguna instrucción, nuestros pulmones aspiran y expiran oxígeno. La vida es un constante aprendizaje donde, voluntaria o involuntariamente, el ambiente y el entorno nos motivan a adoptar nuevas ideas, actitudes y habilidades que posteriormente se automatizan y se convierten en formas de pensar y en hábitos.

Recuerdo que, desde pequeña en el colegio, mis padres me enseñaron que cuanto más aprendiera, mejor sería para mí, ya que me convertiría en «una mujer de provecho». Ahora, en el horizonte de mi vida, he aprendido que quizás sea bueno desaprender ciertos aprendizajes para adoptar otros más saludables, a veces, justo los opuestos a los que adquirí siendo niña. Tenemos la idea de que podemos hacer las cosas siempre de la misma manera y parece que no existen otras formas de hacerlo bien. Sin embargo, si levantamos la cabeza y miramos más allá de nuestro ombligo, nos daremos cuenta de que existen muchas maneras, formas y caminos para hacer las cosas correctamente.

Aprender a desaprender puede sonar contradictorio, pero vamos a quedarnos con la idea esencial: desaprender es dejar de hacer lo mismo de la misma manera para descubrir que existen otros caminos que nos llevan al mismo destino. Estos pueden ser más o menos complejos, renunciando a esa idea o creencia que nos inculcaron. ¿Complejo? A veces nos confundimos utilizando las palabras, pues no tenemos claro el concepto y su significado. Sin embargo, estamos hablando de lo mismo, aunque cambiamos el nombre o la palabra para referirnos a la misma idea.

Me explico: supongamos que el concepto de desaprender significa reconocer que todo lo que se ha hecho no ha dado el resultado esperado y que es momento de dejar todas las creencias establecidas y los conocimientos pasados de moda para promover diferencias. Iniciar nuevos cambios de mentalidad, recopilar otra información y encontrar otras formas de aprendizaje basadas en experiencias positivas. ¿De qué estamos hablando? De la creatividad para buscar nuevos caminos. Hablamos de salir de la zona de confort, de aprender cosas nuevas y de adaptarnos a esos cambios. Eso es resiliencia y no es nada nuevo.

Si no lo practicas, podrías llegar a ser consciente de tu incapacidad para innovar y transformarte. Esto se debe a tu propia capacidad de olvidar el pasado, transformarte personalmente y a la falta de coraje o habilidad para asumir los cambios. En realidad, el arte de la resiliencia es el arte de desaprender y volver atrás. Deberíamos ser selectivos con lo que aprendemos porque después nos cuesta mucho olvidarlo y volver atrás para reaprender. Este proceso de desaprendizaje es complejo porque hay que detectar las cosas que no hay que cambiar y, al mismo tiempo, profundizar y desarrollar. Sin embargo, hay que tener el control y el coraje para cambiar aquellas que sí debemos cambiar. ¿Por qué crees que cuesta tanto?

En mi opinión, nos cuesta cambiar porque es incómodo; es como si estuviéramos al borde de caer en el abismo de lo desconocido sin saber qué nos va a suceder. Nos da vértigo salir de la zona de confort. Por ello, soy consciente de que cambiar de creencias no es fácil, especialmente cuando las aceptamos como las únicas válidas y le sumamos nuestra impaciencia e intolerancia a equivocarnos, en una sociedad en constante cambio y evolución. Sin embargo, en la mayoría de los casos, desaprender no solo es necesario y útil, sino también comprensible, ya que, al ensayar nuevas formas de aprender, se alcanzan nuevas metas. Las nuevas tecnologías nos permiten realizar varias tareas a la vez, pero el cerebro no está diseñado para la multitarea; solo puede concentrarse en una actividad a la vez. Si intenta atender varios eventos simultáneamente, el aprendizaje se debilita y el rendimiento decae.

Reflexionemos sobre lo dicho: ¿no crees que la actual crisis, o cualquier adversidad en general, puede ser un gran momento para desaprender y reinventarse? Para lograrlo, debemos liberar al inconformista que llevamos dentro. Un gran ejemplo lo tenemos en Aristóteles, quien, contradiciendo a los griegos clásicos, defendió que la Tierra era redonda y no plana, como se creía. Este hombre, seguramente, estudió todos los conocimientos anteriores —que probablemente eran más restrictivos o menos alentadores para el inconformismo y la curiosidad— para luego construir y demostrar su teoría. Se percató de un error: que no siempre nuestras teorías, por populares que sean, son correctas, porque los humanos también nos equivocamos.

Si reflexionas, te darás cuenta de que muchas creencias, teorías, procedimientos y pensamientos que hasta hoy servían, han dejado de ser útiles, aunque muchos se resistan a aceptarlo. Sin embargo, utilizando los conocimientos básicos podemos aprender y construir. Por ejemplo, no puedo preparar un asado de ternera al estilo «Esther» si antes no sé cómo seleccionar la pieza, su tiempo de cocción, qué sabor aporta cada ingrediente, etc., para luego aprender a cocinarlo según la cocina tradicional y, finalmente, experimentar otras formas de prepararlo, siendo más creativa. Tampoco podría hacerlo si mi diálogo interno constantemente repite: «No sabes cocinar, es imposible que lo consigas, no tienes ni idea de esto, tu madre tenía razón, no sirves para tareas domésticas». El diálogo interno negativo puede ser muy limitante y afectar nuestra capacidad de innovar y transformarnos. Es fundamental reconocer estos patrones de pensamiento y trabajar en cambiarlos para abrirnos a nuevas posibilidades y aprendizajes. Recuerda que la creatividad y la capacidad de adaptación son habilidades esenciales para enfrentar los cambios y desafíos de la vida. Al ser conscientes de nuestros pensamientos y creencias, podemos dirigir nuestra energía hacia el crecimiento y el bienestar personal.

Más información...

Otra ventaja de desaprender y reaprender es la posible disminución significativa de los síntomas que a veces preceden a una enfermedad. Según estudios recientes, solo el 5 % de las molestias que padecemos se deben a la enfermedad; del 95 % restante, el 70 % se debe a causas naturales o ambientales, y el 25 % a causas psicológicas (Javier García Campayo). Estas causas generan un estrés constante que mantiene los músculos tensos casi todo el tiempo, provocando cansancio, ansiedad e impotencia, entre otros.

¿Y si te dijera que tienes la capacidad de aliviar tus síntomas y dolencias? ¿Cómo? Aprendiendo a escuchar los mensajes de tu cuerpo, comprendiéndolos y modificando tus pensamientos y acciones. Si no me crees, pruébalo y ya verás el subidón de autoestima que te llevas.

En el capítulo anterior, vimos que somos energía que fluye en nuestro interior a través de unas «ventanas» llamadas chacras. Estos chacras, localizados en nuestro cuerpo físico, forman un circuito espiritual coincidente con los siete centros emocionales. Este circuito funciona de la siguiente manera: la energía se funde con el pensamiento racional del sexto chacra, motiva nuestra voluntad en el quinto, y penetra en el centro del corazón para generar una respuesta emocional (cuarto chacra). El tercer chacra personaliza nuestra energía; esos sentimientos se vierten en el segundo, que moldea nuestras respuestas dándoles forma de acción, mientras procura garantizar nuestra seguridad. Así, la energía que empezó como una inspiración en el séptimo chacra se arraiga en el primero, conectándose con la tierra en el presente.

Ahora que conoces este flujo de energía, intenta identificar cómo te sientes en cada centro emocional y qué pensamientos podrían estar causando desequilibrios. Al hacerlo, podrás tomar medidas conscientes para ajustar tus pensamientos y emociones, promoviendo así un mayor bienestar físico y mental. ¿Está claro? Si no es así, no te preocupes. Voy a hablarte de los diferentes chacras o centros emocionales, su ubicación en el cuerpo físico, la relación con los cuerpos emocional y mental, los miedos que provocan, y las disfunciones o enfermedades físicas que son más propensas a aparecer si están bloqueados. También te diré cómo identificar y trabajar los miedos, reflexionar sobre temas relacionados con cada centro emocional para desbloquearlos y potenciarlos, utilizando preguntas de autorreflexión, elaborando frases positivas, y un mantra para elevar tu estado de conciencia y relajarte y, además, te propondré algunas meditaciones. Si necesitas una en particular, escríbeme y te la enviare encantada.

En una cultura donde las personas no podemos o no queremos cuestionarnos casi nada, y donde parece un delito probar y equivocarse —lo que antaño impulsaba el progreso—, desaprender se vuelve imposible. Los expertos señalan que la clave para que individuos y organizaciones cambiemos radica en estar dispuestos a olvidar lo que sabemos y a crear nuevos conocimientos, visiones y modelos mentales. Sin este proceso destructor-creador, tanto nosotros como las organizaciones podríamos perder la capacidad de cambio, destruyendo así la capacidad de innovación y perdiendo competitividad.

Y el pensamiento se hizo físico

La resistencia al cambio no solo afecta nuestra capacidad de innovar, sino que también tiene un profundo impacto en nuestra salud física y emocional. Este fenómeno conocido como somatización es un proceso por el cual el cuerpo traduce tensiones y conflictos emocionales no resueltos en síntomas físicos reales. Aunque estos síntomas no tienen una base médica identificable, son completamente reales para quien los experimenta y pueden llegar a afectar seriamente su calidad de vida. Este fenómeno es una expresión de la compleja relación entre la mente y el cuerpo, en la que los estados emocionales influyen directamente en la salud física.

Cuando una persona no logra cuestionar ni modificar sus creencias, pensamientos o hábitos que generan estrés o malestar emocional, este estrés acumulado puede llevar a un estado de tensión constante. A lo largo del tiempo, este estado de estrés crónico se manifiesta en diversas condiciones físicas. La somatización también pone en evidencia la importancia de prestar atención a las señales del cuerpo. Los síntomas no deben ser ignorados, ya que son una forma en que el cuerpo nos alerta sobre desequilibrios emocionales y la necesidad de abordar conflictos internos.

Superar este fenómeno requiere un enfoque integral, que incluya estrategias como la psicoterapia para explorar y resolver conflictos emocionales, la práctica de técnicas de relajación como la meditación o el *mindfulness* para reducir el estrés, y el desarrollo de habilidades para cuestionar creencias limitantes y adoptar hábitos más saludables como vamos a ver en los próximos capítulos.

La somatización nos enseña que el cuerpo y la mente están intrínsecamente conectados. Cuando experimentamos estrés o emociones negativas y no las manejamos adecuadamente, nuestro cuerpo busca formas de expresar ese malestar. Reconocer esta conexión nos permite abordar los problemas desde una perspectiva más holística, tratando no solo los síntomas físicos, sino también las causas emocionales subyacentes. Al entender la somatización y trabajar en desaprender creencias y hábitos limitantes, podemos transformar nuestra vida, mejorando nuestra salud física y emocional. Con el tiempo, seremos capaces de innovar, adaptarnos a los cambios y vivir en armonía con nosotros mismos. En mi opinión, para romper este ciclo y promover un verdadero bienestar, es esencial aprender a desaprender. Desaprender no significa olvidar lo aprendido, sino estar abiertos a nuevas formas de pensar y actuar. Este proceso permite liberar el estrés acumulado, evitando que se convierta en dolencias físicas.

En resumen, para fomentar la innovación y mejorar nuestra salud, debemos estar dispuestos a desaprender y adaptarnos. Al hacerlo, no solo liberamos nuestro potencial creativo, sino que también cuidamos de nuestra salud física y emocional, enfrentándonos a los desafíos con una mente abierta y un cuerpo libre de tensiones.

Los principios en los que se apoya esta forma de ver la salud física y mental son:

1. La biografía se convierte en biología. Tus pensamientos, según la física quántica, llevan energía emocional, mental y espiritual produciendo reacciones biológicas que se almacenan en tu memoria celular.

2. El poder personal es necesario para la salud. Revisa tu actitud ante las diferentes situaciones que vives.

3. Puedes aliviarte. ¿Cómo? Aceptando la responsabilidad de lo que has creado, independientemente si ha sido de forma consciente o inconsciente. Practica el perdón para soltar lo que te hace daño y agradece lo que eres y tienes. Identifica los objetivos, deseos o metas a conseguir; y céntrate en ti.

4. Mide tu energía. Aprende a evaluar cada día tu energía, para identificar una posible fuga, y pregúntate, ¿por qué estoy perdiendo energía? ¿Qué me quita poder? ¿Cómo puedo actuar? Esta forma de reflexionar te ayuda a desarrollar tu capacidad de autocomprensión y autoconocimiento, e incluso te ayuda a identificar los mensajes que te envía tu cuerpo.

Revisa, elige y evalúa tus aptitudes y actitudes. Analiza las creencias que manejas en tu vida; determina si son aplicables al momento actual y si son limitantes. Toda creencia que alimentas o recuerdo al que te aferras, se traduce en una orden positiva o negativa que influye sobre tu cuerpo y espíritu. Hazte preguntas como:

— ¿Hacia dónde me quiero dirigir?
— ¿Qué quiero obtener?
— ¿Quién elijo que me acompañe?
— ¿Para qué lo quiero?
— ¿Cómo me siento?
— ¿Qué tengo que aprender de esta vivencia?

La integración de estos principios en nuestra vida cotidiana, acompañada de una reflexión constante y sincera sobre nuestros pensamientos y emociones, tiene el poder de transformar profundamente nuestra experiencia de bienestar y crecimiento personal. Estos principios actúan como guías para cultivar hábitos que promuevan la autorreflexión, ayudándonos a identificar patrones mentales negativos, cuestionar creencias limitantes y tomar decisiones más alineadas con nuestros valores.

La reflexión honesta sobre nuestros pensamientos nos invita a prestar atención a la calidad de nuestra mente y cómo esta afecta nuestras acciones, relaciones y emociones. ¿Aceptas el desafío de conocerte a ti mismo y de reconfigurar tu mente para vivir de una manera más saludable y plena?

Los centros emocionales

Las puertas de la energía interior

La psicología holística no tiene un creador único o un punto de origen específico, ya que es más bien un enfoque integrador que se ha desarrollado a lo largo del tiempo a partir de diversas corrientes de pensamiento y figuras clave. Este enfoque considera la interrelación entre mente, cuerpo y espíritu en la comprensión de la salud mental, tomando elementos de la psicología, la filosofía, la medicina y de prácticas ancestrales. Surge como una respuesta a las limitaciones percibidas en los enfoques tradicionales. A medida que la psicología y la medicina avanzaban, se volvía evidente que abordar la salud mental y física de forma aislada no siempre ofrecía soluciones completas. Así, la psicología holística es más un desarrollo continuo que una creación singular.

A través de la integración de ideas de diversas corrientes filosóficas, psicológicas y médicas, la psicología holística promueve una comprensión más completa del individuo, considerando sus dimensiones físicas, mentales, emocionales, sociales y espirituales. Este enfoque reconoce la interconexión entre todos estos aspectos y busca abordar la salud desde una perspectiva más integradora y completa.

Aristóteles no planteó su filosofía en términos holísticos, pero se considera que fue quien resumió el principio general de la filosofía holística al escribir, en su tratado de metafísica, que el todo es mayor que la suma de sus partes. También los milesios y los atomistas griegos, como Demócrito y Epicuro, plantearon sistemas filosóficos en los que el universo era percibido como un todo, en el que lo material y lo espiritual formaban parte de un conjunto integrado. En cambio, los sistemas dualistas, como el platónico, planteaban una estricta separación entre un plano y el otro.

El término «holismo» fue acuñado por el filósofo y estadista sudafricano Jan Smuts en su libro *Holismo y evolución* (1926), donde argumentó que los sistemas deben ser analizados en su conjunto y no solo a través de sus partes individuales. Esta perspectiva ha influido en diversas disciplinas, incluyendo la medicina, la psicología y la educación, y sigue siendo relevante en la actualidad.

Por otro lado, el biólogo Ludwig Von Bertalanffy, a principios del siglo XX, definió un sistema en términos holísticos al decir que es un conjunto de elementos que, relacionados de manera ordenada, contribuyen a un determinado objeto. Todo lo que nos rodea está vinculado de alguna manera con los demás objetos. Como vemos este enfoque reconoce la importancia de considerar al individuo como un todo, y cómo los diferentes aspectos de la vida y el entorno pueden influir en la salud y el bienestar general.

En el ámbito filosófico también han surgido, además del planteamiento aristotélico, distintos modelos holísticos. Por ejemplo, la filosofía de Spinoza es planteada en términos holísticos, aunque no utiliza el término de manera específica.

La psicología holística comenzó a tomar forma a finales del siglo XIX y principios del XX, cuando figuras como William James, Carl Jung y Abraham Maslow cuestionaron las visiones reduccionistas y lineales del ser humano. Estos pensadores empezaron a valorar la influencia de la cultura, el entorno, la espiritualidad y las experiencias personales en la salud mental.

En la década de 1950, la psicología humanista, promovida por Abraham Maslow y Carl Rogers, abordó la importancia de la autorrealización y el crecimiento personal, aspectos fundamentales dentro del enfoque holístico. Más tarde, en las décadas de 1960 y 1970, surgió la psicología transpersonal, que exploró estados de conciencia más allá de lo individual y material, integrando aspectos espirituales y trascendentales en la comprensión de la psique humana.

El término «holística» tiene matices y significados diversos según diferentes autores y corrientes de pensamiento, pero en su núcleo se refiere a una visión integral e integradora de la realidad. Algunas perspectivas son:

1. **Jan Smuts:** el término «holismo» fue acuñado por Jan Smuts en su obra *Holism and Evolution* (1926). Smuts definió el holismo como la idea de que la realidad no se puede entender completamente al descomponerla en partes más pequeñas, sino que debe entenderse en su totalidad integrada.

2. **Arthur Koestler:** en su libro *El fantasma en la máquina* (1967), Koestler abordó el holismo, describiéndolo como la propiedad emergente de sistemas complejos, donde la totalidad es más que la suma de sus partes.

3. **Fritjof Capra:** este físico teórico y autor explora la interconexión entre la ciencia, la filosofía oriental y el pensamiento holístico. Capra destaca cómo el holismo implica un enfoque que reconoce las interrelaciones y la interdependencia de los elementos dentro de un sistema.

4. **William James:** este filósofo y psicólogo estadounidense abogaba por una visión más amplia de la psique, considerando aspectos más allá de lo racional y material. Su interés en la experiencia subjetiva y la conciencia individual sentó las bases para una comprensión más completa del ser humano.

5. **Carl Jung:** uno de los fundadores del psicoanálisis y la psicología analítica, exploró las profundidades de la psique humana, incluyendo el inconsciente colectivo y los arquetipos. Su enfoque exploraba la conexión de la psique con dimensiones más amplias de la existencia humana y las relaciones entre psicología y espiritualidad.

Estos movimientos coincidieron con un cambio cultural más amplio hacia una mayor apertura a filosofías orientales y prácticas espirituales alternativas, aportando un interés renovado en la conexión mente-cuerpo. El surgimiento de terapias alternativas también contribuyó a la aplicación práctica de la psicología holística, reconociendo la importancia de enfoques integradores para la salud y el bienestar.

La filosofía de considerar todos los aspectos del ser humano para alcanzar la salud óptima, conocida como holismo, fue fortalecida por figuras como Aristóteles, quien resumió el principio general al decir que «el todo es mayor que la suma de sus partes». El término «holismo» proviene del griego *holos* (todo, total, entero) y el sufijo **-ismo**, que indica una doctrina o corriente de pensamiento.

El término «holismo» fue acuñado por el filósofo y estadista sudafricano Jan Smuts en su libro *Holismo y evolución* (1926). Smuts definió el holismo como un «sistema mayor a la suma de las partes». Según Smuts, las partes aisladas de un sistema no pueden explicar el funcionamiento global del conjunto. La totalidad funciona de forma sistémica a partir de la cooperación y acción conjunta de las partes.

El holismo se opone al reduccionismo, que parte de la idea de que es posible hacer una «reducción» del todo a las partes, o a una de las partes. Por ejemplo, el reduccionismo afirma que la consciencia o la mente humana se puede reducir a las acciones neuronales del cerebro. Por el contrario, el holismo postula que la mente o consciencia es «algo más» que el conjunto de acciones electroquímicas cerebrales, y la concibe como un todo mucho más complejo que el órgano con el cual se identifica la «actividad mental».

El holismo puede aplicarse en varios niveles:
— Ontológico: refiriéndose a la totalidad de la realidad.
— Antropológico: refiriéndose al ser humano como una totalidad íntegra.
— Mental: refiriéndose a la totalidad de la mente o consciencia.
— Natural: hablando de un sistema natural complejo que integra los elementos naturales en un conjunto total.

— Y en cualquier nivel o dimensión que pueda concebirse una totalidad sistémica y holísticamente ordenada.

Estas dos filosofías, el holismo y la psicología holística, convergen en su enfoque integral del ser humano, abordando la interconexión entre mente, cuerpo y espíritu. Ambas reconocen la importancia de ver al individuo como un todo, en lugar de separar sus componentes en partes aisladas. Este enfoque nos permite comprender mejor cómo nuestras experiencias, pensamientos y emociones influyen en nuestra salud y bienestar general. La integración de estas filosofías nos invita a adoptar una visión más inclusiva y equilibrada de la vida, donde el cuidado de la salud y el bienestar se fundamenta en la armonía entre todos los aspectos del ser humano. Al adoptar un enfoque holístico, no solo mejoramos nuestra capacidad para innovar y adaptarnos, sino que también cuidamos de nuestra salud física, emocional y espiritual de manera más efectiva y completa.

Los chacras y los centros emocionales están intrínsecamente relacionados en el sentido de que ambos abordan la gestión y el equilibrio de la energía emocional y mental dentro del cuerpo. Aquí hay algunas conexiones clave entre ambos conceptos:

1. La filosofía de los centros emocionales en relación con los chacras

Tanto los chacras como los centros emocionales comparten la visión de que el bienestar integral abarca cuerpo, mente y espíritu. Aunque provienen de tradiciones diferentes, se complementan mutuamente en la búsqueda del equilibrio y la salud emocional.

— Bienestar holístico: los centros emocionales se enfocan en la salud emocional y mental, reconociendo la importancia de gestionar nuestras emociones y relaciones para lograr una vida equilibrada.

— Técnicas y terapias variadas: utilizan una variedad de técnicas, como la terapia cognitivo-conductual, la meditación, el *mindfulness* y talleres de inteligencia emocional.

— Apoyo integral: ofrecen un entorno de apoyo donde las personas pueden recibir orientación y desarrollar habilidades para manejar el estrés y las emociones difíciles.
— Complementariedad: los centros emocionales pueden incorporar la filosofía de los chacras en sus prácticas para ofrecer un enfoque más holístico al bienestar, por ejemplo, incluyendo sesiones de yoga o meditación centradas en el equilibrio de los chacras.
— Técnicas combinadas: las técnicas utilizadas para equilibrar los chacras, como la meditación y la visualización, también son comunes en los centros emocionales para ayudar a las personas a gestionar el estrés y las emociones.
— Enfoque integral: ambos enfoques destacan la importancia de considerar todos los aspectos del ser humano —físico, emocional y espiritual— para alcanzar un estado de salud óptima.

2. Centros de energía: los chacras

Los chacras son mencionados en textos antiguos como los Vedas y los Upanishads, escrituras sagradas del hinduismo. Son fundamentales en prácticas espirituales como el yoga y la meditación, que buscan equilibrar las energías del cuerpo para mejorar el bienestar general. Cada chacra influye en distintos aspectos del bienestar humano.

— Chacras como vórtices de energía: los chacras se consideran vórtices de energía alineados a lo largo de la columna vertebral. Cada uno se asocia con diferentes aspectos emocionales y físicos.
— Influencia emocional: cada chacra está vinculado a ciertos estados emocionales que analizaremos con más detenimiento en cada capítulo. Por ejemplo, el chacra del corazón (Anahata) se relaciona con el amor y la compasión, mientras que el chacra de la garganta (Vishuddha) está asociado con la comunicación y la expresión personal.

Al profundizar en estos aspectos emocionales y energéticos de cada chacra, podemos comprender mejor cómo influye cada uno en nuestro bienestar general y cómo trabajar para equilibrarlos de manera efectiva. Con este conocimiento, podemos promover una armonía integral en nuestro ser, que abarque tanto la salud física como emocional.

3. Centros emocionales

Los centros emocionales son espacios diseñados para ayudar a las personas a comprender y gestionar sus emociones a través de diversas técnicas y terapias.

— Foco en las emociones: estos centros ayudan a las personas a comprender y gestionar sus emociones.

— Técnicas para su equilibrio: utilizan técnicas como la meditación y el *mindfulness* para equilibrar y sanar emocionalmente, similares a cómo se trabaja con los chacras en prácticas de yoga y meditación.

Al integrar estas técnicas, los centros emocionales ofrecen un enfoque práctico para el bienestar emocional, proporcionando herramientas y recursos para manejar el estrés y las emociones de una manera saludable y constructiva.

4. Conexión entre chacras y centros emocionales

— Complementariedad: ambos conceptos promueven la idea de que el bienestar emocional y físico está profundamente interconectado. Al equilibrar los chacras, se puede mejorar la salud emocional y viceversa.

— Prácticas compartidas: en los centros emocionales, a menudo se incorporan prácticas basadas en la filosofía de los chacras, como el yoga y la meditación, para ayudar a las personas a alcanzar un estado de equilibrio emocional y espiritual.

Ambos enfoques subrayan la importancia de mantener un equilibrio entre cuerpo, mente y espíritu para lograr un bienestar integral.

En resumen, la filosofía de los centros emocionales puede beneficiarse de los principios de los chacras al integrar prácticas que equilibran la energía y promueven el bienestar integral. Al entender y trabajar con ambos conceptos, podemos lograr un estado de salud más completo y armonioso. Vamos a explorar los centros energéticos y su correlación con las emociones y órganos, así como la posibilidad de vincular los chacras con su influencia en el cuerpo físico y su relación con la espiritualidad, distinta de la religión.

Espiritualidad y autoconocimiento

Cuando hablo de espiritualidad, me refiero a una experiencia personal que busca el autoconocimiento a través de la meditación y la introspección. Siendo conscientes de que existe algo o alguien más allá de este mundo físico con quien necesitamos comunicarnos. No olvidemos que somos seres espirituales y que la ciencia ha demostrado su capacidad para esclarecer el desarrollo de la «vida mental». Por otro lado, la espiritualidad nos enseña sobre la posibilidad y la «inevitabilidad» de una existencia más allá de la mente, a la que se refiere como «vida supramental». La ciencia y la espiritualidad deben estar unidas; una sin la otra estaría incompleta.

En este libro, considero a los sacramentos como actos simbólicos que otorgan al ser humano una paz interna. La correspondencia entre el centro emocional y su significado «espiritual» brinda información esencial para comprender qué acciones emprender o en qué aspectos internos enfocarse para liberar problemas físicos, emocionales y espirituales, logrando así el bienestar. Es por ello por lo que he dedicado un capítulo como aportación y experiencia personal a hablar de ellos. Vas a encontrar diversos temas en forma de preguntas, ofreciéndote la oportunidad de reflexionar sobre ellos, analizando y profundizando en tus creencias, valores y manera de vivir. El objetivo es discernir si estos son aprendizajes adquiridos o el resultado de experiencias vividas, para matizarlos o modificarlos si así lo deseas. Encontrarás ejercicios, preguntas de autorreflexión, meditaciones y mantras específicos para cada uno.

¿Por qué recitar un mantra? Recitar mantras es una forma de relajación que involucra nuestros sentidos. A través de la repetición de frases que poseen un sonido, tono y ritmo específicos, logramos concentrar y calmar la mente, enfocándola en un único propósito. Esta práctica se asemeja a la meditación, pues según los practicantes y diversos estudios, permite alcanzar un estado de paz interna.

Quiero comentarte que los centros emocionales pueden estar equilibrados o no, y esto se manifestará de diversas maneras. En los siguientes capítulos verás más detalles, pero es importante que comprendas cómo el desequilibrio puede afectar tu vida. Estas manifestaciones se pueden dividir en dos categorías principales: deficiencia y exceso.

Un centro emocional en estado de deficiencia puede presentar las siguientes características:

— Inseguridad: sensación constante de inseguridad y falta de confianza en uno mismo.

— Miedo constante: vivir con un miedo persistente que puede dificultar la toma de decisiones y la vida diaria.

— Ansiedad: sentimientos de ansiedad y nerviosismo que interfieren con la capacidad de relajarse y estar presente.

— Problemas financieros: dificultades para manejar el dinero de manera efectiva, lo que puede llevar a problemas financieros.

— Falta de arraigo: sensación de no estar conectado ni enraizado, lo que puede llevar a una falta de estabilidad en la vida.

Un centro emocional en estado de exceso puede mostrar las siguientes manifestaciones:

— Codicia: deseo desmedido de poseer más de lo necesario, ya sea en términos de bienes materiales, poder o reconocimiento.

— Materialismo extremo: enfoque excesivo en los bienes materiales a expensas del bienestar emocional y espiritual.

— Agresividad: comportamientos agresivos y confrontacionales que pueden dañar las relaciones interpersonales.

— Apego excesivo a lo material: dificultad para desprenderse de objetos materiales, creando un sentido de identidad basado en posesiones.

¡Y aún hay más! Los centros emocionales también tienen dos polaridades que reflejan diferentes aspectos de la personalidad y el comportamiento. Estas son:

— El polo del poder: donde residen todas las afirmaciones y creencias positivas hacia nosotros y nuestro entorno. La persona que predomina en este polo puede mostrar las siguientes características:

— Desconfianza: tendencia a no confiar en los demás y mantener siempre una guardia alta.

— Independencia: capacidad para ser autosuficiente y no depender de otros para su bienestar.

— Autosuficiencia: confianza en las propias habilidades y recursos para manejar situaciones.

— Iniciativa: disposición para tomar la delantera y actuar de manera proactiva.

— Audacia: capacidad para enfrentar desafíos y tomar riesgos de manera valiente.

— Ingenio: habilidad para encontrar soluciones creativas y efectivas a los problemas.

El polo de la vulnerabilidad: donde residen todas las afirmaciones y creencias que pueden llevar a una baja autoestima. La persona que predomina en este polo puede exhibir las siguientes características:

— Confianza: capacidad para confiar en los demás y establecer conexiones significativas.

— Dependencia: necesidad de apoyo y ayuda de otras personas para sentirse seguro.

— Sentimiento de pertenencia: deseo de formar parte de un grupo y sentirse aceptado.

— Impotencia: sensación de falta de control sobre las circunstancias de la vida.

— Temor: experiencia de miedo y preocupación que puede limitar la acción y el crecimiento.

— Adaptabilidad: habilidad para ajustarse a nuevas situaciones y circunstancias con flexibilidad.

Comprender estas polaridades nos ayuda a reflexionar sobre nuestras propias inclinaciones y comportamientos. Al reconocer dónde nos situamos en estas polaridades, podemos trabajar para equilibrar nuestras emociones y mejorar nuestra capacidad de enfrentar los desafíos de la vida. Integrar tanto el polo del poder como el polo de la vulnerabilidad nos permite desarrollar una personalidad más completa y resiliente, capaz de adaptarse a diversas situaciones y relaciones.

El poder de tu elección

La dirección en la que envíes tu energía está en tus manos, y esta elección tiene un impacto directo en tu salud y bienestar. Alcanzar un equilibrio entre ambos extremos es fundamental. Según el polo en el que concentres tu energía y atención, tendrás una mayor tendencia a experimentar bienestar o desequilibrios en ese centro emocional específico.

¡Recuerda que tú tienes el poder de crear una vida más saludable y armoniosa! Cada día es una oportunidad para equilibrar tus emociones, reforzar tu seguridad y nutrir tu bienestar. Tus elecciones hoy definirán el equilibrio y la salud de tu mañana, así que toma el control y dirige tu energía hacia la positividad y la armonía.

Cada paso que das hacia el equilibrio emocional y mental es un paso hacia una vida más plena y significativa. Abraza tu poder personal y construye el bienestar que mereces. ¡Tú puedes lograrlo!

Primer centro emocional

*El Muladhara está en el origen de la encarnación
en la Tierra y en el anclaje de esta.*

En términos de desarrollo humano y psicológico, el primer centro emocional, o centro de desarrollo emocional, se refiere a la etapa más temprana en la que un niño empieza a experimentar y expresar emociones. Esta etapa es fundamental, ya que sienta las bases para el desarrollo emocional y social del individuo. Aquí es donde se construyen los cimientos de nuestra capacidad para relacionarnos, comprender nuestras emociones y desarrollarnos como seres humanos completos.

Los centros emocionales se pueden definir de muchas maneras, pero me gusta verlos como puertas que facilitan el intercambio de energía entre el individuo y el universo. Estos centros energéticos reciben, acumulan, distribuyen y transforman la energía. Pueden estar abiertos o bloqueados, y su estado influye directamente en nuestro bienestar, lo cual exploraremos de forma concreta.

El chacra raíz es crucial para nuestra supervivencia y bienestar, ya que representa nuestras necesidades más básicas: alimentación, refugio, seguridad física y estabilidad emocional. Cuando está equilibrado, nos sentimos seguros y protegidos en el mundo, lo cual es esencial para el desarrollo de una vida plena y saludable.

Situación

El primer centro emocional, conocido como el chacra raíz o Muladhara en sánscrito, se encuentra en la base de la columna vertebral, alrededor del coxis, en el perineo, entre el ano y los genitales. Este chacra afecta varias partes del cuerpo, incluyendo la columna vertebral, el recto, las piernas, el intestino, la sangre, los huesos, los pies, el sistema inmunitario y el centro coccígeo, donde se ubican las glándulas córticoadrenales.

Está asociado con la estabilidad, la seguridad y la conexión con la tierra. Almacena recuerdos en la sangre, los huesos y el sistema inmunitario, así como en la columna y la cadera, que son el soporte del cuerpo físico. Las emociones y recuerdos vinculados a este chacra están relacionados con la familia, la seguridad física y el apoyo en el mundo, así como con sentimientos de impotencia y desesperanza; también nos conecta con nuestras creencias familiares tradicionales y con nuestra pertenencia a un grupo, abarcando formas de pensamiento colectivas derivadas de tradiciones religiosas, étnicas, culturales, sociales, comerciales, políticas y familiares. Es fundamental para nuestra salud física y mental. Nos ayuda a sentirnos seguros y protegidos en el mundo material. También está relacionado con nuestros instintos de supervivencia, como la necesidad de alimento, refugio y protección.

Su equilibrio

Cuando el chacra raíz está equilibrado, las consecuencias positivas son evidentes tanto en el bienestar físico como en el emocional y mental. Algunas de estas consecuencias incluyen:

— Sentido de seguridad y estabilidad: una persona con el chacra raíz equilibrado se siente segura y protegida en su entorno. Hay una sólida sensación de estabilidad y arraigo, lo que facilita enfrentar los desafíos con confianza.

— Vitalidad y energía: el equilibrio en este centro proporciona una fuente constante de energía vital. La persona se siente física y mentalmente vigorosa, con una gran capacidad para llevar a cabo tareas diarias.

— Confianza y autoconfianza: la sensación de estar bien fundamentado en el mundo aumenta la autoconfianza y la seguridad en uno mismo. Esto permite tomar decisiones con claridad y determinación.

— Prosperidad material: un chacra raíz equilibrado está asociado con la seguridad financiera y la prosperidad. La persona siente que sus necesidades básicas están cubiertas y puede atraer abundancia.

— Resiliencia y perseverancia: este equilibrio proporciona la capacidad de resistir y superar situaciones difíciles, mostrando una alta resiliencia y capacidad de recuperación.

Por otro lado, cuando el primer centro emocional está *desequilibrado*, las consecuencias pueden manifestarse de diversas maneras, afectando negativamente el bienestar general:

— Inseguridad y ansiedad: la persona puede experimentar sentimientos intensos de inseguridad y ansiedad. Existe una preocupación constante por la seguridad y el bienestar personal.

— Falta de energía y fatiga: un desequilibrio puede llevar a una falta de vitalidad, provocando fatiga crónica y una sensación de agotamiento físico y mental.

— Problemas financieros: la inseguridad financiera y las dificultades para cubrir las necesidades básicas pueden ser una constante cuando está desequilibrado.

— Problemas de salud física: este desequilibrio puede manifestarse en problemas físicos como dolores en la parte baja de la espalda, problemas de piernas y pies, y disfunciones en el sistema inmunológico.

— Sensación de desconexión: la persona puede sentir una desconexión con su entorno y con la tierra, lo que genera una sensación de estar perdida o sin rumbo.

— Miedo y paranoia: el desequilibrio puede llevar a experimentar miedos irracionales y paranoia, afectando la calidad de vida y las relaciones interpersonales.

Las enfermedades

Como he comentado, el desequilibrio en el chacra raíz puede provocar diversas enfermedades y problemas de salud. A continuación, detallo algunas de ellas, dividiéndolas en enfermedades físicas y emocionales relacionadas con dicho desequilibrio.

Enfermedades físicas

— Problemas en las glándulas suprarrenales: el chacra raíz está asociado con las glándulas suprarrenales, que producen hormonas relacionadas con el estrés. Un desequilibrio puede llevar a fatiga suprarrenal y problemas de manejo del estrés, como cansancio crónico y fibromialgia.

— Dolores y lesiones en la parte baja del cuerpo: esto incluye dolor en la parte baja de la espalda, caderas, piernas y pies. También pueden presentarse problemas con las rodillas y debilidad en los pies y piernas, lo que lleva a torceduras frecuentes, problemas crónicos de columna, ciática y escoliosis.

— Trastornos digestivos: dado que este centro influye en la sensación de seguridad y estabilidad, su desequilibrio puede causar problemas digestivos como el síndrome del intestino irritable (SII) o el estreñimiento. Otros problemas incluyen la obesidad, problemas rectales, hemorroides, diarreas y cólicos y otros problemas gastrointestinales

— Enfermedades del sistema inmunológico: su desequilibrio puede debilitar el sistema inmunológico, aumentando la susceptibilidad a infecciones y enfermedades autoinmunes como lupus, artritis y otras condiciones similares.

— Problemas de la piel: pueden aparecer alergias, eczema y psoriasis.

— Dolores de cabeza: migrañas y dolores de cabeza frecuentes pueden ser comunes.

— Problemas de columna: dolor de espalda y otros problemas en la columna vertebral.

Enfermedades emocionales

— Ansiedad y miedos: la inseguridad y el miedo son emociones clave que pueden surgir de un chacra raíz desequilibrado, manifestándose en ansiedad generalizada o ataques de pánico.

— Depresión y desesperanza: sentimientos de desconexión, falta de propósito y desesperanza pueden estar relacionados con un desequilibrio en este chacra, llevando a una tristeza profunda y falta de motivación.

— Comportamientos compulsivos y adicciones: la necesidad de llenar el vacío emocional puede llevar a comportamientos compulsivos y adicciones, como el abuso de sustancias o la sobrealimentación.

— Fobia social: el miedo excesivo a las situaciones sociales puede ser una manifestación del desequilibrio.

— Paranoia: una tendencia a desconfiar de los demás y a sentirse constantemente amenazado.

— Infertilidad: dificultades para concebir pueden estar relacionadas con un desequilibrio en este centro.

Polaridades emocionales del chacra raíz

Los centros emocionales también pueden tener dos polaridades, que reflejan diferentes aspectos de la personalidad y el comportamiento:

Polo del poder:

— Desconfianza: tendencia a no confiar en los demás y mantener siempre una guardia alta.

— Independencia: capacidad para ser autosuficiente y no depender de otros para su bienestar.

— Autosuficiencia: confianza en las propias habilidades y recursos para manejar situaciones.

— Iniciativa: disposición para tomar la delantera y actuar de manera proactiva.

— Audacia: capacidad para enfrentar desafíos y tomar riesgos de forma valiente.

— Ingenio: habilidad para encontrar soluciones creativas y efectivas a los problemas.

Polo de la vulnerabilidad:

— Confianza: capacidad para confiar en los demás y establecer conexiones significativas.

— Dependencia: necesidad de apoyo y ayuda de otras personas para sentirse seguro.

— Sentimiento de pertenencia: deseo de formar parte de un grupo y sentirse aceptado.

— Impotencia: sensación de falta de control sobre las circunstancias de la vida.

— Temor: experiencia de miedo y preocupación que puede limitar la acción y el crecimiento.

— Adaptabilidad: habilidad para ajustarse a nuevas situaciones y circunstancias con flexibilidad.

Al trabajar en equilibrar estas polaridades, podemos desarrollar una mayor resiliencia y bienestar emocional.

En resumen, el primer centro emocional, o chacra raíz, se desequilibra por el estrés, el miedo al futuro o la falta de seguridad básica, lo que genera ansiedad, inseguridad y desconexión. Para sanarlo, es esencial reforzar la sensación de estabilidad mediante prácticas como meditación, conexión con la naturaleza y atención a las necesidades fundamentales.

Los miedos

Muladhara está asociado con algunos miedos básicos que afectan nuestra sensación de seguridad y estabilidad. Estos miedos suelen aparecer cuando este centro está desequilibrado. Aquí están algunos de los miedos más comunes:

— Miedo a la supervivencia: temor a no tener suficientes recursos básicos como alimento, refugio o dinero para sobrevivir.

— Miedo a la pérdida de seguridad física: ansiedad acerca de la seguridad personal, incluido el miedo a lesiones físicas o daños.

— Miedo a la inestabilidad: inquietud por la falta de estabilidad en la vida, ya sea emocional, financiera o social.

— Miedo a la soledad: temor a no pertenecer o ser aceptado por una comunidad, familia o grupo social.

— Miedo al cambio: resistencia y ansiedad frente a los cambios y la incertidumbre, prefiriendo la familiaridad incluso si no es ideal.

— Miedo al rechazo: inseguridad sobre el rechazo y la no aceptación por parte de otros.

— Miedo a la toma de decisiones: inseguridad sobre el acierto o no en la decisión tomada.

Estos miedos pueden afectar significativamente nuestra calidad de vida y nuestra capacidad para sentirnos seguros y protegidos. Trabajar en equilibrar este centro emocional puede ayudar a mitigar estos miedos y fomentar un mayor sentido de seguridad y estabilidad en la vida. Para superarlos y aumentar la sensación de fortaleza ante estos miedos, es crucial reforzar el vínculo con tu grupo. Enfócate en fortalecer tus conexiones con aquellos a tu alrededor. Busca la verdad de «todos somos uno» y respeta un código de honor. Al obtener el apoyo y la lealtad de tu comunidad, reduces los miedos y aumentas la sensación de seguridad y estabilidad en tu vida. Este sentido de pertenencia es esencial para sentirte seguro y apoyado.

Fortalecer las relaciones con las personas cercanas no solo proporciona un entorno de apoyo, sino que también crea un espacio donde puedes compartir tus preocupaciones y recibir comprensión y respaldo. Recuerda que la unión con tu grupo es una herramienta poderosa para enfrentar y superar tus miedos

Para equilibrar y conectar con la energía del chacra raíz, es útil centrar tu atención en actividades tribales, como escuchar el himno nacional o asistir a bodas, ya que estas actividades contienen la energía de los dones de la tierra, el alimento, el cobijo y la familia de origen. Según los estudios:

— Cuando el centro está abierto, la fuerza vital fluye libremente y la persona muestra un poderoso deseo de vivir en la realidad física. Se siente presente en el «aquí y ahora» con los pies firmemente arraigados en la realidad física.

— Si el centro está cerrado, la vitalidad física queda bloqueada. La persona puede sentir que no está realmente «aquí», experimentando falta de energía y vitalidad, no disfrutando de la actividad física y teniendo una apariencia enfermiza y malhumorada, sin metas definidas.

Aquí te explico más detalles sobre cómo equilibrar y fortalecer este importante centro. Integrar prácticas en tu vida diaria para mantenerlo equilibrado te proporcionará una base sólida para una vida plena, segura y armoniosa. Este es el primer paso para lograr una base sólida sobre la cual se pueden construir otros aspectos de tu bienestar emocional, físico y espiritual. Algunas prácticas son:

— Conexión con la naturaleza: pasar tiempo al aire libre, caminar descalzo en la tierra y practicar la jardinería. Pasear descalzo por el césped, caminar por el bosque o simplemente sentarte en un parque puede ayudarte a reconectar con la energía de la tierra.

— Ejercicio físico: actividades que involucren el uso del cuerpo, como caminar, correr, bailar o yoga.

— Terapias: masajes y aromaterapia con aceites esenciales como el cedro, el sándalo y el vetiver.

— Meditaciones y visualizaciones: enfocar la mente en el área del coxis, imaginando una luz roja que se expande y fortalece. Practicar meditaciones enfocadas en el chacra raíz, visualizando una luz roja en la base de tu columna vertebral, mientras respiras profundamente y sientes cómo te conecta con la tierra.

— Ejercicios de yoga y prácticas de enraizamiento: posturas como la postura del árbol (*vrksasana*), la postura del guerrero (*virabhadrasana*), como la postura de la montaña en yoga (*tadasana*) y la postura del niño (*balasana*) ayudan a enraizarte y conectar con la tierra.

— Afirmaciones positivas: te he comentado la importancia de la repetición de frases o mantras, pues bien, aquí tienes una ocasión excelente para comenzar a crear y repetir frases que te ayuden para potenciar esa sensación de seguridad. Por ejemplo: «yo, (tu nombre), estoy lleno de serenidad y acepto los cambios», «yo, (tu nombre), disfruto de todo cuanto constituye mi vida. Me lleno de la energía de la gratitud y dejo que esta fluya con fuerza a través de mi cuerpo espiritual y físico», «acepto en mi corazón esa parte mía que tiene miedo a ser abandonado/rechazado por mi grupo, y a no sobrevivir», «estoy seguro y protegido», «confío en el flujo de la vida» y «me siento enraizado y estable».

— Uso de cristales: cristales como el granate, el jaspe rojo y la hematita son especialmente útiles para equilibrar el chacra raíz. Llévalos contigo o colócalos cerca durante tus meditaciones.

— Alimentación: consumir alimentos que crecen bajo la tierra. Incluye en tu dieta alimentos como zanahorias, remolachas, patatas y jengibre. Estos alimentos están llenos de nutrientes que ayudan a enraizarte y a conectarte con la energía de la tierra. Incluir proteínas en la dieta: asegúrate de consumir suficientes proteínas para fortalecer el cuerpo físico. Esto te ayudará a mantenerte fuerte y lleno de energía.

— Prácticas espirituales: las prácticas espirituales pueden ser una herramienta poderosa para equilibrar y fortalecer el chacra raíz. Entre ellas, la oración y el canto juegan un papel esencial al conectar nuestra energía interna con la vibración universal. El mantra «lam» está específicamente asociado con este centro, al recitarlo se activa la energía de este chacra, promoviendo una conexión más profunda con la tierra y aumentando la sensación de estabilidad y seguridad.

¡A practicar!

■ Recapacita...

Para mantener saludable este centro, reflexiona sobre la importancia en tu vida de:

— Tu creencia sobre la lealtad hacia la familia y hacia uno mismo. La lealtad es esencial para sentir un fuerte sentido de pertenencia y apoyo.

— Revisa las creencias familiares, en concreto sobre el honor. Estas creencias, reflejadas en los huesos y las piernas, influyen en cómo te relacionas con los demás y en tu propio sentido de integridad y cómo se transmite a los demás.

— Descubre qué objetivo y metas tienes. Tener claras tus aspiraciones te da dirección y propósito en la vida.

— Tu opinión sobre la justicia. Si la justicia tribal obstaculiza tu progreso espiritual, es necesario liberarte de su autoridad para tu poder de elección.

— Reflexión personal: contesta a estas preguntas para profundizar en tu autoconocimiento y equilibrio emocional:

— ¿Me siento físicamente vibrante, saludable y potente?

— ¿Me siento como en casa en este sitio?

— ¿Siento que este sitio me pertenece?

— ¿Tengo un fuerte deseo de vivir?

— ¿Amo mi cuerpo y lo aprecio como un tesoro maravilloso?

— ¿Soy una persona de alta energía, audaz y a la que le gusta moverse?

Al reflexionar sobre estas preguntas y aspectos, puedes identificar áreas de tu vida que necesiten atención y trabajar en ellas para fortalecer tu centro emocional, creando así una base sólida para tu bienestar emocional, físico y espiritual.

De pie y con las piernas situadas de forma paralela a las caderas, flexiónalas ligeramente, eleva levemente los brazos, como si estuviera abrazando a un árbol, y haz una respiración profunda... lleva tu imaginación hacia tus pies, y visualiza cómo de tus dedos surgen unas raíces que se van introduciendo en la tierra... respira...

Estas raíces tienen mucha fuerza, pide permiso a la Madre Tierra para renovar tu energía con su ayuda... Visualiza cómo tus raíces van atravesando las diferentes capas de la tierra hasta llegar al núcleo central... respira... este núcleo es de color rojo ardiente y posee toda la fuerza y energía de la Tierra... Centra tu intención en tomar de ese núcleo toda la energía que necesitas... ayúdate de la respiración y ahora forma un círculo energético alrededor de tu cuerpo...

Inspira y visualiza como la energía sube por la parte posterior de tus piernas... expira y expulsa todo el cansancio, estrés o aquello que desees que se disuelva... inspira y visualiza como la energía sube por tus pantorrillas notando esa vitalidad y fuerza... expira y suelta el cansancio... Inspira y permite que ascienda por la parte baja de la espalda... expira y permite que toda la rabia y el cansancio salga de tu cuerpo... Inspira de nuevo y visualiza cómo sube la nueva energía por la parte superior-posterior de la espalda, expira y permite que salga toda la presión y carga que tengas... Inspira... Visualiza cómo sube por tu cuello hasta tu chacra corona la energía de la Tierra... Expira y deja ir toda la tensión y rigidez que haya en esta zona... inspira y permite que la energía baje por tu rostro, eliminando y arrastrando toda tensión de los músculos faciales y de tu mandíbula... Inspira y permite que la energía de la tierra baje por la parte anterior de tu cuello y pecho llenándolo de fuerza y energía... Expira y expulsa la tensión, el estrés y la presión que sientas...

Al inspirar, permite que la nueva energía baje por el plexo solar, caderas y piernas, eliminando toda la tensión, las cargas y los miedos a avanzar... Inspira y llénate de energía y de paz... Continúa unos minutos visualizando el círculo completo. Imagina que esta nueva energía tiene color rojo y con cada respiración, aumenta tu sensación de vigor, energía... Respira y siéntelo, disfruta esa reenergización...

(Pausa de cinco minutos).

Visualiza como tus raíces se repliegan en tus dedos de los pies... respira... Bendice con amor a la Tierra y da las gracias por permitirte intercambiar su energía con la tuya...

Visualiza tres veces el número tres... Visualiza tres veces el número dos... Visualiza tres veces el número uno... Haz una respiración profunda y vuelve a tu posición inicial bajando los brazos y juntando las piernas... Cuando estés preparado, abre los ojos...

■ Reflexiona sobre...

— ¿Qué creencias has heredado de tu familia?

— ¿Qué creencias de las que rigen tu vida no se adaptan a tu vida actual?

— ¿Qué creencias limitantes tienes? (Son aquellas percepciones sobre la realidad que te impiden, por miedo o por educación, hacer, pensar o actuar de una forma determinada para progresar. Lee los resultados anteriores para identificarlas).

— ¿Cómo han influido en tu vida?

— ¿Reconoces tus valores? ¿Cuál es el más importante?

— ¿Alguna vez no has cumplido tu palabra? En caso negativo, ¿cómo te sentiste?

— ¿Has hecho algo para aliviarte?

— ¿Tienes algún asunto inconcluso con tus familiares? Si es así, haz una lista de los motivos que te impiden sanar tus relaciones familiares.

— Haz una lista con todo lo bueno que has aprendido de tu familia.

— ¿Qué ritos y costumbres familiares conservas? ¿Cómo te sientes cuando las practicas?

— ¿Qué valores y creencias quieres reforzar? Y ¿qué creencias quieres cambiar?

— ¿Te has planteado ayudar a los demás? ¿Cómo?

— ¿Sientes que estás en deuda con la sociedad debido a tus éxitos?

— ¿Pueden contar todos con tu ayuda?

— ¿Cómo te ven tus amigos? ¿Tienes un límite para ofrecer tu ayuda?

— ¿Has necesitado alguna vez apoyo de otras personas? ¿Recibiste la asistencia que necesitabas?, ¿más o menos lo que esperabas?

Al reflexionar sobre estas preguntas, podrás identificar áreas de tu vida que necesiten atención y trabajar en ellas para fortalecer tu bienestar emocional, físico y espiritual. Si lo deseas, apunta tus reflexiones en tu cuaderno de trabajo, de esta manera, tendrás un registro claro de tus pensamientos y podrás trabajar en ellos de manera más estructurada y consciente.

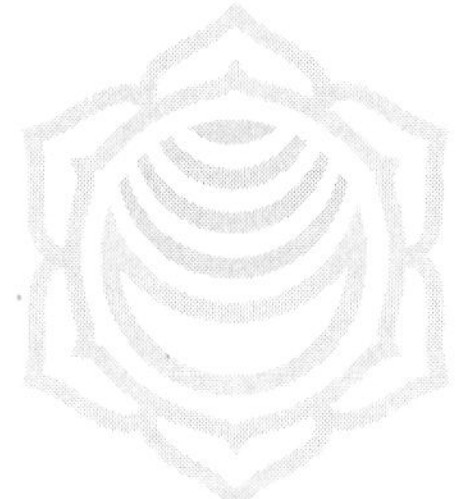

Segundo centro emocional

Svadhisthana es el que nos ayuda a conectar emocionalmente con todo lo que nos rodea y activa nuestra creatividad

El segundo centro emocional, también conocido como el chacra sacro o Svadhisthana en sánscrito, está ubicado en la parte baja del abdomen, en la pelvis y la parte inferior de la espalda, justo debajo del ombligo. Está asociado con la creatividad, el deseo, las pasiones, las emociones, la sexualidad y las relaciones, y es crucial para nuestra capacidad de experimentar placer y conectarnos emocionalmente con otros.

Este centro emocional nos ayuda a disfrutar de la vida y a mantener una mente abierta y flexible. Nos impulsa a explorar nuevas ideas y a expresar nuestras emociones a través del arte, la música, la danza y otros medios creativos. Además, está relacionado con nuestras relaciones íntimas y la capacidad de formar conexiones profundas y significativas.

El chacra sacro se desarrolla alrededor de los siete años, una edad en la que comenzamos a explorar el poder de elegir, lo cual es esencial en el proceso creativo. Contiene la energía necesaria para el apoyo financiero y creativo, la curación, y la habilidad de dar y recibir amor y placer en una relación de pareja, lo cual es fundamental para un desarrollo equilibrado del erotismo y la sensualidad. Además, nos ayuda a generar un sentido de identidad personal y a establecer límites psíquicos protectores. Profundizar en el funcionamiento y equilibrio de este centro es fundamental para nuestra creatividad, sexualidad y capacidad para disfrutar de la vida

Situación

El segundo centro emocional, conocido como el chacra sacro o Svadhisthana, está situado en la pelvis, junto al sacro. Este chacra desempeña un papel crucial en el control de varios órganos vitales y músculos importantes del cuerpo. Algunas de sus funciones más destacadas incluyen:

1. Regulación de órganos reproductivos:
— El chacra sacro está directamente relacionado con los órganos reproductivos, incluidos los ovarios en las mujeres y los testículos en los hombres.
— Controla la función sexual y reproductiva, influyendo en la salud y el bienestar de los sistemas reproductivos.

2. Control del sistema urinario:
— Este centro también supervisa la función de la vejiga y los riñones, órganos esenciales para el sistema urinario.
— Ayuda a mantener el equilibrio de líquidos en el cuerpo y a eliminar las toxinas a través de la orina.

3. Influencia en el sistema digestivo inferior:
— Abarca parte del sistema digestivo inferior, incluyendo el intestino grueso.
— Su equilibrio es fundamental para la salud digestiva y la eliminación de desechos.

4. Conexión con la mente y las emociones:
Los recuerdos y emociones aquí almacenadas tienen que ver con:

— Impulsos y deseos: incluye nuestros impulsos activos, desinhibidos, directos y emprendedores, así como nuestra manera de perseguir lo que deseamos.

— Relaciones y autoafirmación: la forma en que llevamos nuestras relaciones una vez dejamos a nuestra familia y nos independizamos, con límites bien definidos y la autoafirmación personal.

— Necesidades y relaciones: está relacionado con la necesidad de tener relaciones sexuales, de amistad, asociaciones empresariales y financieras, así como con el poder.

— Dominio del entorno: la necesidad de dominar nuestro entorno y abrazar nuestra vida externa, manteniendo siempre el control de la situación.

— Seguridad y satisfacción de necesidades: la seguridad física de la familia y el grupo, la capacidad de satisfacer necesidades vitales y de valerse por uno mismo.

— Ley y orden: también está vinculado con la ley, el orden social y familiar.

Su equilibrio

El desequilibrio en el chacra sacro puede tener profundas repercusiones en nuestra vida emocional, física y mental. Las manifestaciones de este *desequilibrio* pueden variar ampliamente, presentándose de dos formas principales: deficiencia y exceso. A continuación, exploramos estas manifestaciones.

Deficiencia

Una deficiencia en el chacra sacro se caracteriza por una falta de energía y vitalidad en este centro. Esto puede llevar a:

— Falta de creatividad: las personas pueden experimentar una notable disminución en su capacidad creativa, sintiéndose incapaces de generar nuevas ideas o expresar su creatividad de manera efectiva.

— Apatía: una falta de interés y motivación general puede prevalecer, haciendo que las actividades diarias y las interacciones sociales se sientan monótonas y sin sentido.

— Dificultades en relaciones cercanas: las personas pueden luchar para formar y mantener relaciones íntimas, debido a una falta de conexión emocional y una reticencia a abrirse a otros.

— Problemas sexuales: disfunciones sexuales como la falta de deseo, la incapacidad para experimentar placer y la desconexión emocional durante las relaciones íntimas son comunes.

— Bloqueos emocionales: las emociones pueden sentirse estancadas o reprimidas, lo que lleva a una incapacidad para procesar y expresar sentimientos de manera saludable.

Exceso

El exceso de energía en el chacra sacro puede ser igualmente problemático, manifestándose en:

— Comportamiento compulsivo: las personas pueden mostrar comportamientos obsesivos y compulsivos, sintiéndose impulsadas a actuar de maneras que pueden no ser saludables o productivas.

— Dependencia emocional: una necesidad excesiva de apoyo emocional y atención de los demás puede llevar a relaciones codependientes y desequilibradas.

— Adicciones: la energía desbordada en este chacra puede resultar en diversas adicciones, incluyendo sustancias, comida, trabajo o incluso relaciones.

— Desequilibrio emocional: las emociones pueden estar fuera de control, con episodios de tristeza profunda, ansiedad o rabia que parecen desproporcionados para la situación.

Estos desequilibrios afectan de la siguiente forma:

Problemas físicos

— Problemas reproductivos: un desequilibrio en este centro puede llevar a disfunciones sexuales y dificultades en el sistema reproductivo, afectando tanto a hombres como a mujeres. Por ejemplo, en las mujeres puede haber una incapacidad para lograr el orgasmo, dificultad para conectar con su vagina y disfrutar de la penetración, aunque pueden conseguirlo con la estimulación clitoriana. En los hombres, puede ir acompañado de eyaculación precoz o la incapacidad para lograr la erección.

— Trastornos urinarios: las infecciones y problemas en la vejiga y los riñones son comunes cuando este chacra está desequilibrado.

Desequilibrios emocionales

— Bloqueo creativo: las personas pueden experimentar una sensación de bloqueo creativo, dificultando la expresión de sus emociones y creatividad.

— Relaciones problemáticas: las relaciones pueden volverse dependientes y con límites mal definidos. Las personas tienden a necesitar la protección de otros y pueden experimentar pérdida de apetito, debilidad y tacañería motivada por el miedo a dar.

— Baja autoestima: este desequilibrio puede provocar que las personas se muestren vergonzosas, pasivas e inhibidas. También pueden ser tímidas, tristes, exigentes, estresadas y carecer de creatividad.

— Otros síntomas: pérdida de apetito, debilidad, tacañería motivada por el miedo a dar, timidez, tristeza, exigencia, estrés y falta de creatividad.

Mantener *equilibrado* el segundo centro emocional es vital para nuestro bienestar físico, emocional y espiritual. Un segundo centro equilibrado nos permite:

— Experimentar placer y alegría: nos ayuda a disfrutar de la vida plenamente, experimentando placer y alegría en nuestras actividades diarias y relaciones.

— Desarrollar relaciones saludables: facilita la formación de conexiones emocionales profundas y significativas con otros basadas en una comunicación abierta y emocionalmente segura.

— Mantener una mente abierta y flexible: nos impulsa a explorar nuevas ideas y a ser receptivos a diferentes perspectivas.

— Expresión creativa: una fuente constante de creatividad y la capacidad para innovar y explorar nuevas ideas.

— Bienestar emocional: la capacidad para gestionar y procesar emociones de manera saludable, evitando extremos de represión o exceso.

— Vitalidad física: una energía vital robusta que apoya la salud reproductiva y sexual.

Debido a la «ley de la vibración», según la cual los semejantes se atraen, estas personas tienden a agruparse y compartir sus problemas. Es común que, en estos casos, se culpe a la pareja y se busque a otra. Sin embargo, lo único que se logra con esto es perpetuar la situación. El cambio solo ocurre cuando el individuo reconoce que tiene un problema y empieza a trabajar en él, identificando las creencias y las imágenes subyacentes que causaron el bloqueo.

Las enfermedades

La enfermedad puede entenderse como un resultado de la energía creativa que no ha encontrado una salida adecuada o productiva. Esta energía, dirigida hacia trabajos o relaciones insatisfactorias o sin futuro, puede generar un estado de malestar y desbalance emocional. El centro de nuestra energía creativa nos impulsa a crear y expresarnos en múltiples formas, ya sea a través de la música, el arte, la poesía o incluso la curiosidad científica y médica. Esta energía también juega un papel crucial en el desarrollo de nuestros instintos e intuiciones básicas para la supervivencia, y nos ayuda a enfrentar los desafíos cotidianos mediante la resolución de problemas.

Cuando esta energía creativa se ve mermada por actividades y comportamientos que no contribuyen al bienestar ni al crecimiento personal, como los chismes, la manipulación y los pensamientos o sentimientos basados en el miedo, se produce un desgaste emocional y mental. Estos comportamientos y pensamientos negativos no solo drenan nuestra energía, sino que también afectan nuestra autoestima y nuestra capacidad para formar y mantener relaciones saludables y pueden provocar un agotamiento mental y emocional, lo que lleva a una disminución en nuestra capacidad para innovar y adaptarnos.

La clave para mantener un equilibrio y bienestar general es dirigir nuestra energía creativa hacia actividades y relaciones que nutran y fortalezcan nuestro crecimiento personal. Esto implica enfocarnos en proyectos y conexiones que nos aporten sentido y valor, y evitar aquellos que consumen nuestra energía de manera destructiva.

El segundo centro emocional puede influir en diversas áreas de nuestra salud cuando está desequilibrado. Las enfermedades relacionadas con este centro emocional suelen producirse por desequilibrios emocionales o energéticos. Algunas causas comunes son:

1. Bloqueo emocional: reprimir emociones como el miedo, la culpa o la vergüenza puede generar un estancamiento energético en este centro, afectando tanto la salud emocional como física.

2. Relaciones tóxicas o desequilibradas: este centro emocional está profundamente conectado con nuestras relaciones afectivas y sexuales. Problemas como conflictos de pareja, dependencia emocional o falta de conexión con los demás pueden desequilibrarlo.

3. Falta de creatividad: la creatividad es una de las expresiones clave del segundo centro. Cuando no se permite la expresión creativa, o cuando se siente frustración por no poder materializar ideas, este centro puede desbalancearse.

4. Estrés y culpa: las emociones de culpa, relacionadas con la sexualidad o decisiones personales, pueden tensar este centro, debilitando el flujo energético y afectando la salud.

5. Falta de cuidado personal: negligir las necesidades básicas, tanto físicas como emocionales, puede debilitar este centro, haciéndonos más vulnerables a enfermedades.

Aquí te explico cómo sus desequilibrios pueden manifestarse en problemas físicos específicos y emocionales.

Enfermedades físicas

1. Problemas reproductivos

Manifestándose en una variedad de problemas y trastornos. A continuación, se describen algunas de las afecciones más comunes:

Disfunciones sexuales:

— Frigidez: falta de deseo sexual o incapacidad para experimentar placer durante las relaciones íntimas.

— Impotencia: incapacidad para mantener una erección adecuada para el coito, lo que puede afectar la autoestima y las relaciones.

— Eyaculación precoz: dificultad para controlar el momento de la eyaculación, lo que puede llevar a insatisfacción en las relaciones sexuales.

Infertilidad:

— Dificultades para concebir: problemas en la concepción que pueden afectar tanto a hombres como a mujeres, dificultando el proceso de formar una familia.

— Quistes ováricos: crecimiento de quistes en los ovarios que pueden interferir con la ovulación y la fertilidad.

— Prostatitis: inflamación de la próstata en los hombres, lo que puede afectar la fertilidad y causar dolor y molestias.

— Caída de uretra: desplazamiento de la uretra, lo que puede causar molestias y dificultades urinarias.

— Anemia: falta de glóbulos rojos saludables que puede llevar a fatiga y debilidad, afectando la vitalidad y la salud general.

— Dolores pélvicos y de la parte baja de la espalda: dolor crónico en la región pélvica y lumbar, a menudo relacionado con problemas en los órganos reproductivos.

Enfermedades de transmisión sexual:

— Sífilis: infección bacteriana que se transmite a través del contacto sexual y puede causar serios problemas de salud si no se trata adecuadamente.

— Herpes: infección viral que causa llagas dolorosas en los genitales y otras áreas del cuerpo, afectando la calidad de vida y las relaciones.
— Sida: enfermedad causada por el virus del VIH que debilita el sistema inmunológico y puede tener un impacto devastador en la salud general.

Impacto emocional:
— Vergüenza por la sexualidad: sentimientos de vergüenza o culpa relacionados con la sexualidad, que pueden inhibir la expresión sexual y afectar la autoimagen.
— Bloqueos emocionales: dificultad para procesar y expresar emociones, lo que puede llevar a problemas de comunicación y relaciones insatisfactorias.

2. Trastornos menstruales:
— Ciclos menstruales irregulares: la falta de regularidad en el ciclo menstrual puede ser una señal de un desequilibrio en este centro. Esto puede manifestarse en periodos que vienen demasiado pronto, demasiado tarde o en intervalos impredecibles.
— Síndrome premenstrual severo (PMS): el síndrome premenstrual puede incluir síntomas físicos y emocionales intensos, como hinchazón, cambios de humor, irritabilidad, depresión y ansiedad. Estos síntomas pueden ser debilitantes y afectar significativamente la calidad de vida.
— Sofocos: los sofocos, comúnmente asociados con la menopausia, también pueden ocurrir en mujeres jóvenes como resultado de desequilibrios hormonales y de este centro.
— Menstruaciones abundantes y dolorosas: periodos menstruales excesivamente abundantes y dolorosos pueden ser un signo de un chacra sacro desequilibrado. Esto puede llevar a una pérdida significativa de sangre y debilitamiento.

Dolores menstruales intensos:

— Dismenorrea: los dolores menstruales severos, conocidos como dismenorrea, pueden ser extremadamente dolorosos e incapacitar temporalmente a la mujer. Estos dolores suelen concentrarse en la parte baja del abdomen y la espalda.

— Ciática: algunas mujeres pueden experimentar dolor ciático relacionado con su ciclo menstrual, afectando el nervio ciático que se extiende desde la parte baja de la espalda hasta las piernas.

Problemas en las trompas de Falopio y fertilidad:

— Trastornos en las trompas de Falopio: obstrucciones o infecciones en las trompas de Falopio pueden dificultar el proceso de fertilización y la concepción, afectando la fertilidad.

— Infertilidad: las dificultades para concebir hijos pueden estar relacionadas con problemas en el chacra sacro, que afectan la salud reproductiva general.

Impacto emocional

— Heridas de la infancia no sanadas: las experiencias traumáticas y las heridas emocionales de la infancia pueden quedar almacenadas en el chacra sacro, manifestándose en problemas menstruales y emocionales. Es esencial abordar y sanar estas heridas para restaurar el equilibrio.

— Energía no utilizada: la acumulación de energía creativa y sexual no utilizada puede llevar a un desequilibrio en el chacra sacro. Es fundamental encontrar formas saludables de liberar y canalizar esta energía.

3. Enfermedades del tracto urinario

Estas infecciones afectan principalmente la vejiga y la uretra, causando síntomas como ardor al orinar, necesidad frecuente de orinar, dolor en la parte baja del abdomen y orina turbia o con mal olor. Un segundo centro emocional desequilibrado puede hacer que el cuerpo sea más susceptible a estas.

— Problemas con los riñones: un desequilibrio en este centro puede afectar la función renal, lo que puede manifestarse en problemas como infecciones renales (pielonefritis), cálculos y enfermedad renales crónica. Los síntomas incluyen dolor en el costado o la espalda, fiebre, náuseas y cambios en la frecuencia y cantidad de orina.

— Infecciones de uretra: la uretritis es una infección o inflamación de la uretra que puede causar dolor al orinar, secreción y sensación de urgencia urinaria. Un desequilibrio aquí puede aumentar la vulnerabilidad a estas infecciones.

— Dolor de cadera: el dolor en la región de la cadera puede estar relacionado con problemas en el segundo centro emocional. Este dolor puede irradiar hacia la parte baja de la espalda, las piernas y la pelvis, afectando la movilidad y la calidad de vida.

Impacto emocional y físico: el desequilibrio en este centro no solo afecta el tracto urinario, sino que también puede tener un impacto emocional significativo. Las personas pueden experimentar:

— Ansiedad y estrés: la preocupación constante por los problemas urinarios puede aumentar los niveles de ansiedad y estrés, afectando la salud mental y emocional.

— Inseguridad y miedo: los problemas urinarios pueden generar sentimientos de inseguridad y miedo, especialmente en situaciones sociales o laborales.

— Disminución de la calidad de vida: el dolor y la incomodidad constante pueden reducir la calidad de vida, limitando la capacidad de disfrutar de actividades diarias y relaciones.

4. Problemas digestivos

Los desequilibrios en este centro pueden manifestarse como problemas digestivos debido a su relación con las emociones y la forma en que el cuerpo procesa el estrés y las tensiones emocionales. Los problemas digestivos más comunes son:

— Colitis: es una inflamación del revestimiento del colon que puede causar dolor abdominal, calambres, diarrea y, en algunos casos, fiebre y pérdida de peso. Un segundo centro emocional desequilibrado puede contribuir a la colitis debido a la acumulación de estrés emocional y la incapacidad para procesar adecuadamente las emociones.

— Síndrome del intestino irritable (SII): el SII es un trastorno funcional del intestino que se caracteriza por dolor abdominal, hinchazón, diarrea y estreñimiento. Las personas con SII a menudo encuentran que sus síntomas empeoran en momentos de estrés o ansiedad, lo que indica una fuerte conexión entre las emociones y la función intestinal. Un desequilibrio en este centro puede exacerbar estos síntomas al intensificar la respuesta del cuerpo al estrés.

Impacto emocional y físico: los problemas digestivos relacionados con un segundo centro desequilibrado no solo afectan físicamente, sino que también tienen un impacto emocional significativo, como son:

— Ansiedad y estrés: la preocupación constante por los problemas digestivos puede aumentar los niveles de ansiedad y estrés, creando un ciclo vicioso que agrava aún más los síntomas.
— Inseguridad y miedo: los problemas digestivos pueden generar sentimientos de inseguridad y miedo, especialmente en situaciones sociales o laborales.
— Disminución de la calidad de vida: el dolor y la incomodidad constante pueden reducir la calidad de vida, limitando la capacidad de disfrutar de actividades diarias y relaciones.

Enfermedades emocionales:

Los desequilibrios en el chacra sacro pueden tener un impacto profundo en la salud emocional y mental, manifestándose de diversas maneras. Veamos cómo estos desequilibrios afectan la creatividad, las emociones y los comportamientos adictivos.

1. Bloqueos creativos. Los desequilibrios aquí pueden generar sentimientos de estancamiento creativo y dificultad para expresar emociones. Desde un punto de vista psicológico, estos bloqueos pueden manifestarse en:

— Falta de inspiración: las personas pueden sentirse incapaces de generar nuevas ideas o encontrar inspiración en sus actividades creativas.

— Dificultad para expresar emociones: la represión de emociones puede hacer que sea difícil expresar sentimientos a través de medios como el arte, la escritura o la música.

— Sentimiento de estancamiento: la sensación de estar atrapado en una rutina sin salida, lo que puede llevar a la frustración y a una disminución en la motivación para participar en actividades creativas.

2. Trastornos emocionales. Las personas pueden experimentar una serie de trastornos emocionales que afectan su bienestar mental y emocional:

— Depresión: la falta de equilibrio en este centro puede llevar a sentimientos de tristeza profunda y desesperanza, afectando la capacidad para disfrutar de la vida.

— Apatía: una pérdida de interés en las actividades diarias y una falta de motivación pueden ser indicativos de un desequilibrio en este centro.

— Miedo a la intimidad: el miedo a la cercanía emocional y la vulnerabilidad puede dificultar la formación de relaciones íntimas y significativas.

— Problemas para conectarse emocionalmente: las dificultades para establecer conexiones emocionales con los demás pueden tener como resultado sentimientos de aislamiento y soledad.

— Estrés y ansiedad: el estrés crónico y la ansiedad pueden ser excesivos afectando la salud mental y emocional.

— Creencias limitantes: la percepción de falta de poder de elección y control en la vida puede llevar a una sensación de impotencia y desesperanza.

3. Adicciones. La búsqueda de placer y escape a través de adicciones puede estar estrechamente relacionada con desequilibrios en este centro. Algunos ejemplos incluyen:

— Adicciones a sustancias: la dependencia de drogas, alcohol o medicamentos puede ser una forma de escape emocional.

— Adicciones a la comida: el consumo compulsivo de alimentos como una forma de manejo del estrés y las emociones puede ser un síntoma de desequilibrio en este chacra.

— Comportamientos adictivos: la búsqueda de placer a través de comportamientos como el juego, el sexo compulsivo o las compras impulsivas.

En resumen, el segundo centro emocional, o chacra sacro, se desequilibra debido a traumas emocionales, represión de emociones, conflictos en relaciones o falta de creatividad. Esto puede generar apatía, problemas en relaciones íntimas y malestar físico en la zona pélvica. Sanarlo implica expresar emociones, nutrir la creatividad y fortalecer relaciones basadas en confianza y respeto.

Los miedos

Este centro está intrínsecamente ligado a nuestras emociones, creatividad y sexualidad. Cuando este chacra está bloqueado, puede generar varios miedos que afectan nuestra calidad de vida y bienestar psicológico. Comprender estos miedos es el primer paso para superarlos y equilibrar este centro energético. Los miedos más comunes asociados con el segundo centro emocional son:

1. Miedo a la intimidad:

— Descripción: este miedo implica un temor a abrirse emocionalmente y a ser vulnerable con otros. Las personas pueden temer perder el control de su cuerpo físico debido a experiencias traumáticas como la violación sexual, la adicción, la traición, la impotencia, las pérdidas económicas y el abandono por parte de colegas.

— Impacto: el miedo a la intimidad puede llevar a la evasión de relaciones cercanas y significativas, dificultando la conexión emocional y física con los demás.

2. Miedo al rechazo:

— Descripción: es la ansiedad de no ser aceptado o amado por quienes nos rodean.

— Impacto: este miedo puede resultar en comportamientos evitativos, aislamiento social y dificultad para establecer relaciones saludables y profundas.

3. Miedo a la pérdida del control:

— Descripción: temor a dejarse llevar por las emociones o la creatividad, y a perder el dominio sobre uno mismo o ser dominado por otros.

— Impacto: las personas con este miedo pueden resistirse a nuevas experiencias y oportunidades, limitando su potencial creativo y emocional.

4. Miedo a la culpa:

— Descripción: sentimientos de culpa relacionados con el placer y la sexualidad.

— Impacto: este miedo puede inhibir la capacidad de disfrutar de experiencias placenteras y saludables, creando un ciclo de vergüenza y autorrepresión.

Prácticas para superar los miedos del segundo centro emocional:

1. Explora tu creatividad:

— Acción: dedica tiempo a actividades creativas que te apasionen, como pintar, escribir, bailar o tocar música.

— Beneficio: estas actividades ayudan a liberar bloqueos emocionales y a expresarte de manera libre y auténtica, fomentando un sentido de logro y satisfacción personal.

2. Practica la autocompasión:
— Acción: sé amable contigo mismo y acepta tus emociones sin juicio. Reconoce que es natural tener miedos y que puedes trabajar en ellos con paciencia y amor propio.
— Beneficio: la autocompasión reduce el estrés y la autocrítica, promoviendo un estado mental más saludable y equilibrado.

3. Fomenta conexiones saludables:
— Acción: rodéate de personas que te apoyen y te acepten tal como eres.
— Beneficio: las relaciones sanas y auténticas son cruciales para superar los miedos relacionados con la intimidad y el rechazo, ofreciendo un entorno de apoyo y comprensión.

4. Meditación y visualización:
— Acción: practica meditaciones enfocadas en este centro. Imagina una luz naranja brillante en la parte baja de tu abdomen, que se expande y disuelve cualquier temor.
— Beneficio: la visualización y la meditación calman la mente y el cuerpo, proporcionando claridad y fortaleciendo la conexión con tu energía interna.

5. Afirmaciones positivas:
— Acción: repite afirmaciones como «me permito sentir placer y alegría», «soy digno de amor y aceptación» y «confío en mis emociones y en mi creatividad».
— Beneficio: las afirmaciones positivas reprograman la mente, ayudando a superar los miedos y fomentar una mentalidad de empoderamiento y autoaceptación.

6. Ejercicio físico:
— Acción: realiza actividades físicas que disfrutes, como yoga, natación o danza.
— Beneficio: el movimiento corporal libera la energía estancada y fortalece la conexión con tu cuerpo, mejorando tu bienestar físico y emocional.

7. Uso de cristales:
— Acción: cristales como la cornalina y el ámbar son especialmente útiles para equilibrar el chacra sacro. Llévalos contigo o colócalos cerca durante tus meditaciones.
— Beneficio: los cristales pueden amplificar la energía positiva y facilitar el proceso de sanación y equilibrio del chacra.

Solución

El chacra sacro, o Svadhisthana, es un centro energético que se beneficia tanto de una nutrición adecuada como de prácticas espirituales y físicas que apoyen su equilibrio y funcionamiento óptimo. Algunas recomendaciones para mantener este chacra en armonía son:

1. Actividades creativas. Para equilibrar este chacra, puedes dedicar tiempo a actividades creativas que te apasionen, como la pintura, la danza o la escritura. La expresión creativa es fundamental para su equilibrio.

2. Afirmaciones positivas. Estas afirmaciones ayudan a reprogramar tu mente y a equilibrar el chacra sacro, proporcionando una base de autoaceptación y empoderamiento. Repite afirmaciones como: «Acepto y celebro mi sexualidad». «Fluyo con creatividad y alegría». «Me permito experimentar placer». «Acepto mis deseos y necesidades». «Acepto en mi corazón esa parte mía que tiene miedo a la pérdida, en cualquier área de mi vida». «Yo, [tu nombre], acepto e íntegro mi feminidad/mi masculinidad. Ahora estoy en paz con mi feminidad/mi masculinidad». «Me permito disfrutar de mi cuerpo y de mi sexualidad». «Soy creativa y próspera».

3. Meditación y visualización. Practica meditaciones específicas enfocadas en el segundo centro emocional. Visualiza una luz naranja brillante en la parte baja de tu abdomen, que se expande y fortalece tu energía creativa y emocional. Esta práctica te ayudará a centrar y calmar tu mente, facilitando el equilibrio del chacra.

4. Uso de cristales. Utiliza cristales como la cornalina y el ámbar. Llévalos contigo o colócalos cerca durante tus meditaciones para ayudar a equilibrar el chacra sacro. Los cristales pueden amplificar la energía positiva y facilitar el proceso de sanación.

5. Ejercicio físico. Realiza ejercicios que involucren el movimiento pélvico, como el yoga, la danza del vientre y la natación. Estos ejercicios ayudan a liberar la energía estancada y a fortalecer la conexión con tu cuerpo, promoviendo un flujo energético saludable.

6. Aromaterapia. Usa aceites esenciales como el sándalo, el *ylangylang* y la naranja dulce. Estos aromas pueden ayudar a equilibrar y estimular el chacra sacro, creando un ambiente relajante y armonioso.

7. Alimentación. Incluye en tu dieta alimentos de color naranja como zanahorias, naranjas, calabaza y melocotones. También son beneficiosos los alimentos ricos en agua, como las sandías y los pepinos, para mantener la fluidez y el equilibrio.

— Frutas y verduras naranjas: incluir en tu dieta alimentos de color naranja como zanahorias, calabazas, naranjas, mangos, papayas y melocotones. Estos alimentos vibran en la frecuencia de este centro y ayudan a equilibrarlo.

— Alimentos hidratantes: beber suficiente agua y consumir alimentos con alto contenido de agua como pepinos, melones, sandías y cítricos. La hidratación es fundamental para mantener el flujo energético del cuerpo y la fluidez emocional.

— Alimentos que promuevan la salud reproductiva: incorporar nueces, semillas y aguacates en la dieta. Estos alimentos son ricos en grasas saludables y apoyan el sistema reproductivo.

— Alimentos ricos en ácidos grasos omega-3: consumir pescado, lino y chía. Los ácidos grasos omega-3 son esenciales para la salud emocional y física, apoyando su equilibrio.

8. Conexión con otros centros emocionales. El chacra sacro trabaja en armonía con otros chacras, especialmente:

— Con el chacra raíz o primer centro emocional: proporciona una base sólida de seguridad y conexión con el mundo físico.

— Con el chacra del plexo solar o tercer centro emocional: fomenta la confianza en uno mismo y el poder personal.

Consejos psicológicos para fortalecer el chacra sacro

Una vez revisadas las diversas prácticas que podemos implementar para equilibrar el chacra sacro, es útil considerar algunos consejos psicológicos que pueden ayudarnos a fortalecer este centro emocional y energético de manera más profunda.

1. Manejo de reacciones interiores, emociones y pensamientos. Es esencial aprender a manejar nuestras reacciones internas de manera sabia. Esto implica ser conscientes de nuestras emociones y pensamientos, aceptándolos sin juicio y abordándolos con compasión. La autorreflexión y el *mindfulness* pueden ser herramientas poderosas en este proceso.

2. Desarrollar la capacidad de arriesgarse y superar la resistencia. Superar la resistencia interna para recuperarse de una pérdida es crucial. Desarrollar la capacidad de arriesgarse, incluso frente a la incertidumbre, nos permite crecer y fortalecernos. Practicar la resiliencia y enfocarse en el aprendizaje derivado de las experiencias desafiantes puede ser muy beneficioso.

3. Cultivar la capacidad de rebelarse y restablecer la vida. A veces, es necesario rebelarse contra las circunstancias que no nos favorecen y buscar nuevas formas de restablecer nuestra vida. Este enfoque nos ayuda a redescubrir nuestro potencial y a crear una realidad más alineada con nuestros valores y objetivos personales.

4. Fomentar la autosuficiencia económica y física. Desarrollar la capacidad de sobrevivir por nosotros mismos, tanto económica como físicamente, es fundamental para sentirnos seguros y empoderados.

Esto incluye habilidades prácticas y una mentalidad proactiva que nos permita afrontar desafíos con confianza.

5. Potenciar la toma de decisiones personales y profesionales. Desarrollar el talento para tomar decisiones informadas y conscientes en nuestras vidas personales y profesionales es clave. Esto implica evaluar nuestras opciones con claridad y tomar acciones que estén alineadas con nuestros objetivos y bienestar a largo plazo.

Como ejemplo de fortalecer el segundo centro emocional, deseo presentarte el caso de una paciente que atendí hace años. Era publicista y debía diseñar una campaña creativa para un producto de cosmética femenina. Tras varias semanas, la fecha límite para entregar el proyecto se aproximaba y ella se encontraba sin ideas, como si su mente estuviera en blanco. Se me ocurrió realizar una relajación guiada con una visualización llamada «Meditación para crear ideas», la cual puedes encontrar al final del capítulo, aunque con ella, realice una versión parecida. Mi hipótesis de trabajo se basaba en la premisa de que todos somos creativos y que almacenamos esa creatividad en un pequeño cofre dentro de una cueva en nuestro corazón. Le sugerí que, tras relajarse, visualizara cómo accedía a esa cueva y abriera el cofre. Una vez abierto, le pedí que dejara que toda la creatividad, ideas y magia contenidas en él fluyeran y, como una lluvia de chispas creativas, inundaran su mente y cuerpo. Aunque pueda sonar inverosímil, te aseguro que, tras practicarla durante unos días, su campaña resultó ser un éxito.

¡A practicar!

■ Reflexiona sobre...

— ¿Qué significa para ti la creatividad?

— ¿Te consideras una persona creativa?

— ¿Has realizado alguna de tus ideas creativas? ¿Cómo te sentiste?

— ¿Has dirigido tu creatividad de forma negativa?

— ¿Exageras o adornas la realidad para apoyar tus puntos de vista?

— ¿Te sientes a gusto con tu sexualidad? Si no es así, ¿eres capaz de trabajar para sanar tu desequilibrio?

— ¿Utilizas a personas para tu placer sexual o te has sentido utilizado?

— ¿Cumples tu palabra?

— ¿Tienes código ético? ¿Cuál es?

— ¿Tu ética y valores están en venta?

— ¿Tienes la impresión de que Dios es una fuerza que ejerce justicia en tu vida?

— ¿Utilizas juegos de poder en tus relaciones?

— ¿Eres dominante o controlador?

— ¿Has estado alguna vez envuelto en situaciones relacionadas con el poder y el dinero?

— ¿Te sientes merecedor de riquezas materiales? ¿Estás seguro?

— ¿Qué estás haciendo para incrementar tus ingresos?

— ¿Has cedido en tus creencias y valores para conseguir seguridad económica?

— ¿Qué objetivos personales no te has dedicado a conseguir, y que te impide a actuar para conseguirlos?

Reflexionar sobre estas preguntas puede ayudarte a entender mejor tus propios valores, creencias y comportamientos, y a identificar áreas en tu vida que puedan necesitar atención o cambio.

■ Pregúntate:

— ¿Tengo impulsos sexuales fuertes y saludables?

— ¿Me siento confiado y sexualmente pleno?

— ¿Puedo expresarme sexualmente?

— ¿Puedo dar y recibir placer?

— ¿Veo creatividad en mi vida?

— ¿Tengo oportunidades para expresar mi deseo sexual por los demás?

— ¿Invento con frecuencia?

— ¿Me es muy fácil soñar?

■ Medita

Meditación para crear ideas:

Con los ojos cerrados, respira hondo varias veces. Imagínate que al inspirar asimilas una energía que te ayuda a relajar... y al espirar te desprendes de las tensiones de tu cuerpo... Con cada respiración profundizas más y más en tu estado de relajación.

[Pausa de quince segundos para permitir que la respiración relaje tu cuerpo].

Centra la atención en los músculos de la cara y de la mandíbula, respira con la intención de liberar toda la tensión y la rigidez que sientas... Relaja los músculos del cuello y de los hombros... Relaja los brazos... los músculos de la espalda, de la parte superior y de la parte inferior... Continúa inspirando y expirando con la intención de liberar toda la tensión y la rigidez que sientas o percibas.

Centra tu atención en los músculos del estómago y del abdomen, respira con intención igual que antes... Relaja los músculos de las caderas, piernas y pies para que así todo tu cuerpo pase a un estado de paz profunda... Utiliza los ruidos del exterior y las distracciones para profundizar en tu estado de relajación.

Imagínate una luz por encima de la cabeza... Si quieres puede elegir el color, o los colores, para que te ayuden en tu meditación. Es una luz especial y sanadora que te va a ayudar a relajarte más profundamente... Deja que la luz fluya por tu cuerpo desde la parte superior de la cabeza, iluminando el cerebro y la médula espinal, sanando esos tejidos... Permite que siga fluyendo como una onda luminosa que toca todas las células, todas las fibras y todos los órganos del cuerpo con paz, amor y poder curativo... En todos aquellos puntos en los que tu cuerpo necesite alivio, haz que la luz sea muy fuerte, muy potente... La luz fluye hasta llegar a los pies, tu cuerpo se llena de esa luz sanadora. [Pausa de quince segundos].

Visualiza como la luz te rodea como si estuvieras dentro de una burbuja que te protege, que sana tu piel y que te ayuda relajarte aún más... Mientras respiras sigue visualizando tu burbuja... pasados tres minutos visualiza cómo desciendes por unas escaleras que te llevan desde la cabeza hasta el corazón, con cada escalón vas profundizando más en tu nivel de relajación... comenzamos a descender por las escaleras…. Veinte... diecinueve... dieciocho... te sientes cada vez más relajada y tranquila... Diecisiete... dieciséis... quince... tus piernas tronco y extremidades están cada vez más y más relajados. Catorce... trece... doce... con cada escalón que desciendes te sientes más profundamente relajado, más profundamente tranquilo. Diez... Nueve... Ocho... más y más relajado... Siete... Seis... Cinco... más profundamente relajado, más profundamente tranquilo y relajado... Cuatro... Tres... Dos... Estás más y más calmado, sereno... Uno... ya has llegado... estas veinte veces más profundamente relajado que antes.

Frente a ti hay una puerta, la puerta de tu corazón, y ordenas que se abra... entras en tu jardín, y arrancas las malas hierbas y las hierbas muertas y secas que allí veas, luego preparas la tierra, la fertilizas, la renuevas, la aras, la preparas para cultivar tus ideas creativas.

Decides plantar varios tipos de semilla, que son ideas creativas en tu vida como:
— Cada día aumento mis ingresos.
— Cada día se incrementa mi creatividad.
— Cada día tengo buenas ideas para prosperar.

— Cada día tengo más energía vital.

— Mi apetito sexual se incrementa día a día.

— Disfruto del sexo cada vez más.

Puedes elegir la que necesites o elaborar otras si lo deseas... cada vez que siembres una idea-semilla, repite «esto que planto es una idea creativa en mi vida». [Pausa de cinco minutos].

Das las gracias por la ayuda recibida, mira a tu nuevo huerto... imagina que ya ha pasado un tiempo... observa los brotes de tus semillas como pequeños arbolitos en crecimiento... cada día que los visites, riégalos, abónalos para que crezcan fuertes... que sean unas creencias fuertes... Repítelo varias veces y visualiza cómo van creciendo.

Pasados unos minutos... visualízate caminando hacia la puerta por la que entraste... respira... siente tu cuerpo... disfruta de la sensación del aire sobre tu rostro, los sonidos, los colores suaves y brillantes, y respira... Es el momento de despertar. A medida que voy contando de uno a veinte, iras despertándote progresivamente. Cuando llegue a veinte podrás abrir los ojos y te sentirás muy relajado, tranquilo, muy despierto y consciente. Uno... dos, tres, comienza a sentir tus piernas despertando... Cuatro... Cinco... Seis... tus brazos despiertan. Siete... ocho... nueve... tu cuerpo despierta... Diez... once... permites que fluya por todo tu ser la sensación de paz... Doce... Trece... permítete sentir amor... Catorce... Quince... Dieciséis... te sientes cada vez mejor... Diecisiete... dieciocho... es como si sonara el despertador por la mañana. Diecinueve... tú te vas despertando... Veinte... tras una respiración profunda y cuando estés preparado... despierta, abre los ojos.

Bienvenida.

Te recomiendo que anotes y describas lo que has visto, sentido e imaginado durante el ejercicio. Hacer esto te permitirá tener un registro claro de tus pensamientos y emociones, y te ayudará en tu proceso de autoexploración y crecimiento personal.

Tercer centro emocional

*Con Manipura equilibrado nos sentimos
capaces de todo y con una gran autoestima*

El chacra del plexo solar, o Manipura en sánscrito, es el tercer centro emocional, ubicado entre el ombligo y el diafragma. Asociado con la confianza, la autoestima, el poder personal, la energía vital y la fuerza de voluntad, está representado por el color amarillo y vinculado al elemento fuego. Este chacra tiene una conexión profunda con nuestro sentido de identidad y autovaloración, influenciando cómo nos comprendemos y relacionamos con nosotros mismos y los demás. Afecta nuestra interacción con el trabajo y nuestra misión de vida, así como la manera en que los demás perciben y reconocen nuestras acciones. Durante la individuación, utilizamos la energía de este chacra para desarrollar un yo, un ego y una personalidad distintiva.

Este chacra regula nuestras emociones relacionadas con la identidad y el propósito. Un plexo solar equilibrado nos permite sentirnos en control y capaces de influir en nuestro entorno, brindándonos la fuerza para perseguir nuestras metas y vivir según nuestros valores. Actúa como un ancla emocional ante los desafíos, fortaleciendo nuestra autoestima y confianza, mejorando nuestras relaciones sociales y ayudándonos a establecer relaciones saludables. Esta seguridad aumenta nuestra determinación para tomar decisiones importantes, permitiéndonos avanzar firmemente hacia nuestros objetivos personales y profesionales.

Este centro tiene un impacto profundo en varias funciones psicológicas que son fundamentales para nuestro bienestar emocional y mental. Aquí se detallan algunas de las funciones clave:

— Autoestima y confianza en uno mismo. Un plexo solar equilibrado fortalece nuestra autoestima, brindándonos seguridad en nuestras habilidades y capacidades. Esto nos ayuda a afirmarnos en nuestras decisiones y a actuar con determinación. La confianza en uno mismo es esencial para enfrentar desafíos y superar obstáculos, permitiéndonos vivir de acuerdo con nuestros valores y metas personales. Cuando este chacra está en equilibrio, sentimos una mayor confianza para tomar decisiones importantes y avanzar hacia nuestros objetivos con firmeza.

— Poder personal y autonomía. Este chacra está íntimamente ligado a nuestra sensación de poder personal y autonomía. Cuando Manipura está equilibrado, actuamos conforme a nuestros deseos y metas, sin dejarnos influenciar excesivamente por las opiniones de los demás. Esta autonomía nos permite autorrealizarnos y desarrollarnos plenamente como individuos. Nos sentimos más capaces de tomar el control de nuestras vidas, de dirigir nuestro destino y de tomar decisiones que reflejen nuestras verdaderas necesidades y deseos.

— Manejo del estrés y resiliencia. El equilibrio del plexo solar también influye en cómo manejamos el estrés y las emociones negativas. Un chacra equilibrado nos dota de la capacidad de enfrentar desafíos con calma y resiliencia, lo cual es crucial para la salud mental. Podemos mantener la serenidad incluso en situaciones difíciles, gestionando el estrés de manera eficaz y recuperándonos rápidamente de los contratiempos. Esta resiliencia emocional nos permite mantener un estado mental positivo y equilibrado, esencial para una vida saludable y satisfactoria.

— Relación con el ego y la autoimagen. Psicológicamente, este chacra se relaciona con el ego y nuestra autoimagen. Un desequilibrio en el plexo solar puede llevar a comportamientos narcisistas o, por el contrario, a una falta de autovaloración. Encontrar el equilibrio es esencial para mantener una percepción saludable y realista de nosotros mismos y nuestras capacidades. Un plexo solar equilibrado nos ayuda a desarrollar una autoimagen positiva y realista, evitando extremos de arrogancia o inseguridad. Nos permite aceptar nuestras fortalezas y debilidades de manera equilibrada, contribuyendo a una mayor estabilidad emocional y mental.

Situado

El plexo solar es el centro más importante de nuestra energía vital humana y se encuentra en la región del abdomen, cerca del estómago. Este chacra es esencial para nuestra fortaleza, autoidentidad, autonomía y autoestima, además de desempeñar un papel clave en la conexión entre las personas. Al nacer, estamos unidos a nuestras madres mediante el cordón umbilical, y más adelante en la vida, estos «cordones» se transforman en conexiones etéreas que simbolizan la unión humana. Al establecer relaciones, se forman «cordones» que comunican estos centros vitales; cuanto más fuerte es el vínculo, más robustos son estos cordones. Cuando la relación finaliza, los cordones se desvanecen gradualmente.

Este centro nos ayuda a tomar decisiones con confianza y a sentir el control de nuestras vidas, y está relacionado con nuestra capacidad de acción, motivación y metabolización de experiencias. Nos proporciona una base sólida para nuestra energía vital y emocional, permitiéndonos conectarnos con los demás y con nosotros mismos de una manera significativa. Es esencial para nuestro bienestar, pues nos ayuda a mantener un equilibrio emocional y a enfrentar los desafíos con una actitud positiva y resiliente.

Este centro contiene la energía de:

—Autoestima: este chacra alberga la energía que sustenta nuestra autoestima.

—Dar y recibir: influye en nuestra capacidad para dar y recibir.

— Deseo de reconocimiento: refleja nuestro anhelo de ser reconocidos.

—Valentía y apreciación: nos otorga la valentía de actuar y la capacidad de valorar las pequeñas cosas.

—Poder personal: representa nuestro poder personal en relación con el mundo externo.

El tercer centro emocional no solo sostiene nuestra vitalidad física, sino que también alimenta nuestra fuerza interior, empoderándonos para vivir de manera auténtica y plena. Al cuidarlo y fortalecerlo, podemos lograr un bienestar integral y una mayor satisfacción en nuestras vidas. Sus funciones son:

—Empoderamiento personal: este centro es la fuente de nuestro poder personal, ayudándonos a establecer y mantener límites saludables. Cuando este chacra está en equilibrio, nos sentimos seguros y capaces de afirmar nuestra identidad y necesidades sin temor al juicio externo.

—Digestión emocional: no solo afecta la digestión física, sino también la digestión emocional. Este proceso nos permite procesar y liberar emociones de manera saludable, ayudándonos a evitar la acumulación de tensiones y emociones negativas. Así, promovemos un estado mental y emocional más equilibrado. ¡Vamos, quién no ha tenido esa comida con personas que no son de su agrado y le ha sentado fatal! Ya sabes, por eso dicen que el estómago es el segundo cerebro. Así que la próxima vez que te encuentres en una cena incómoda, solo recuerda que no es solo el mal ambiente, ¡es tu chacra del plexo solar pidiendo una tregua!

—Motivación y acción: este chacra nos impulsa a perseguir nuestras metas y ambiciones con determinación y coraje. Un plexo solar equilibrado nos dota de la energía y la motivación necesarias para superar obstáculos y avanzar hacia nuestros objetivos con firmeza. Seguro que alguna vez has sentido esa convicción profunda, esa certeza absoluta de que lo que estabas haciendo era la mejor decisión posible. ¡Lo sentías en tus tripas! Confía en esa sensación y deja que te guíe.

El chacra del plexo solar, por lo tanto, no solo sostiene nuestra vitalidad física, sino que también alimenta nuestra fuerza interior, empoderándonos para vivir de manera auténtica y plena. Al mantener este chacra en equilibrio, cultivamos una base sólida para nuestra energía vital y emocional, lo que nos permite vivir en armonía con nosotros mismos y con los demás.

Su equilibrio

El chacra del plexo solar es de naturaleza mental y su correcto funcionamiento está íntimamente ligado a nuestra vida emocional. Esto se debe a que los procesos mentales actúan como reguladores y la comprensión mental de las emociones permite situarlas en un contexto que define nuestra realidad de manera adecuada.

— Cuando este centro está abierto y funciona de forma armoniosa, nos sentimos seguros de nuestras habilidades, capaces de tomar decisiones con determinación y mantenemos una visión optimista de la vida. Un plexo solar *equilibrado* nos permite actuar de acuerdo con nuestros deseos y metas sin sentirnos abrumados por la influencia de otros, brindándonos una sensación de bienestar y optimismo. Nos sentimos capaces de afrontar los desafíos de la vida con una actitud positiva y resiliente. Este equilibrio manifiesta numerosos indicadores que reflejan tanto nuestro bienestar emocional como nuestra capacidad para interactuar con el mundo de manera efectiva. Estos indicadores son:

— Vida emocional satisfactoria. Te sientes libre de agobios y emociones negativas, disfrutando de una estabilidad emocional que te permite enfrentar los desafíos con una actitud positiva y resiliente.

—Autoaceptación. Te aceptas a ti mismo y a los demás tal como son, reconociendo tanto tus fortalezas como tus debilidades sin juicio, lo que fomenta una relación saludable contigo mismo y con los demás.

—Autoestima firme. Posees una autoestima sólida y estable, sintiéndote seguro de tus capacidades y valor personal, lo que te permite tomar decisiones con confianza y determinación.

—Responsabilidad personal. Te responsabilizas de tu aspecto físico, inteligencia, dotes físicas y habilidades, mostrando un compromiso con tu propio bienestar y desarrollo personal.

—Confianza en ti mismo. Tienes confianza en el control de tus emociones y en tu capacidad para manejar situaciones difíciles, lo que te permite mantener la calma y la claridad mental en momentos de estrés.

—Sociabilidad. Eres una persona muy sociable, disfrutando de interacciones positivas y significativas con los demás, lo que te ayuda a establecer y mantener relaciones saludables.

—Vitalidad. Te sientes lleno de energía y vitalidad, lo que te permite abordar tus actividades diarias con entusiasmo y vigor.

—Inteligencia y capacidad intelectual. Eres inteligente y tienes facilidad para concentrarte, con una mente curiosa y abierta que te permite explorar nuevas ideas y conceptos de manera eficaz.

— Control de los acontecimientos. Te sientes capaz de controlar los eventos de tu vida, tomando decisiones conscientes y proactivas que reflejan tus verdaderos deseos y metas.

— Poder personal y autonomía. Actúas conforme a tus deseos y metas, manteniendo tu independencia y no dejándote influenciar excesivamente por las opiniones de los demás, lo que facilita la autorrealización y el desarrollo personal.

—Manejo del estrés y resiliencia. Enfrentas los desafíos con calma y resiliencia, gestionando el estrés de manera efectiva y recuperándote rápidamente de los contratiempos, lo cual es crucial para tu salud mental.

— Determinación y motivación. Sientes una fuerte motivación para perseguir tus metas y ambiciones, superando obstáculos con determinación y coraje, lo que te impulsa hacia el logro de tus objetivos.

— Digestión emocional saludable. Procesas y liberas tus emociones de manera constructiva, evitando la acumulación de tensiones y emociones negativas, lo que promueve un estado mental y emocional más equilibrado.

— Relaciones saludables. Mantienes límites saludables en tus relaciones, estableciendo conexiones significativas y equilibradas con los demás, lo que te permite disfrutar de relaciones armoniosas y satisfactorias.

— Fuerza Interior. Te sientes empoderado para vivir de manera auténtica y plena, con una base sólida para tu energía vital y emocional, lo que te permite enfrentar la vida con confianza y determinación.

Este centro emocional también proporciona una base sólida para nuestra energía vital y emocional, permitiéndonos conectarnos con los demás y con nosotros mismos de manera significativa. Nos ayuda a mantener un equilibrio emocional y a enfrentar los desafíos con una actitud positiva y resiliente.

Si el chacra del plexo solar está desequilibrado, puede manifestarse en una variedad de problemas tanto físicos como emocionales. Los síntomas pueden incluir baja autoestima, falta de energía, miedo a la confrontación, problemas digestivos, comportamiento dominante y estrés crónico. Esto subraya la importancia de mantenerlo en equilibrio.

Un chacra del plexo solar deficiente puede presentar varios síntomas:

— Baja autoestima: la baja autoestima es uno de los signos más evidentes de un plexo solar desequilibrado. Las personas pueden experimentar sentimientos persistentes de inseguridad y falta de confianza en sí mismas, lo que conduce a una percepción negativa de sus capacidades y valor personal.

— Falta de energía: la sensación constante de fatiga y falta de vitalidad es otro síntoma común. Esta falta de energía no se alivia con el descanso y puede afectar significativamente la productividad y el disfrute de la vida diaria.

—Miedo a la confrontación: las personas con un chacra del plexo solar deficiente tienden a evitar conflictos y situaciones difíciles por miedo. Este miedo a la confrontación puede limitar su capacidad para defender sus propias opiniones y necesidades, afectando negativamente sus relaciones personales y profesionales.

— Problemas digestivos: debido a su ubicación en la región del estómago, un desequilibrio puede causar una serie de problemas digestivos, como úlceras, indigestión y acidez. Estos problemas pueden afectar el bienestar general y la calidad de vida.

Por otro lado, con un chacra del plexo solar demasiado abierto la persona puede manifestar:

—Comportamiento dominante: un exceso en el plexo solar puede llevar a una necesidad de controlar a los demás y actuar de manera agresiva. Las personas pueden volverse autoritarias y dominantes, lo que puede causar conflictos en sus relaciones interpersonales.

— Estrés crónico: vivir constantemente bajo tensión y estrés es otro síntoma de un exceso en este chacra. El estrés crónico puede tener efectos negativos significativos en la salud mental y física, incluyendo problemas de ansiedad, insomnio y presión arterial alta.

Te preguntarás, ¿cómo puedo equilibrar este centro emocional tan importante? Para restablecer su equilibrio y mitigar estos efectos psicológicos, te recomiendo practicar ciertas actividades y técnicas que pueden ayudarte a sentirte más segura, motivada y en control de tu vida. En el apartado de «Solución», te comparto algunas recomendaciones efectivas que puedes implementar para lograr un mayor bienestar.

Las enfermedades

El tercer centro emocional tiene una profunda conexión con diversos aspectos de nuestra salud física y emocional. Cuando este centro no está equilibrado por factores como la baja autoestima, estrés crónico, represión de emociones y exceso de perfeccionismo, puede manifestarse en una serie de *problemas digestivos y otros trastornos*. Los principales problemas asociados con un desequilibrio son:

Problemas digestivos: este centro está estrechamente vinculado al sistema digestivo. Un desequilibrio en él puede resultar en una variedad de problemas digestivos que afectan diferentes partes del tracto gastrointestinal.

— Úlceras: las úlceras estomacales, también conocidas como úlceras pépticas, pueden desarrollarse debido a un exceso de ácido gástrico y estrés.

— Gastritis: la inflamación de la mucosa del estómago puede ser una manifestación de desequilibrios en este centro.

— Indigestión: sensaciones de plenitud y malestar en el abdomen superior pueden estar relacionadas con un bloqueo en este centro.

— Trastornos gastrointestinales: esto incluye una amplia gama de condiciones que afectan la boca, el esófago, el estómago, el intestino delgado y los riñones. Problemas específicos pueden incluir colitis ulcerosa, acidez, estreñimiento y diarrea.

Problemas con el metabolismo: esto puede manifestarse en condiciones como la bulimia, un trastorno alimenticio caracterizado por episodios de ingesta excesiva seguidos de comportamientos para evitar el aumento de peso, y problemas hepáticos que afectan la capacidad del hígado para procesar y desintoxicar el cuerpo. También puede incluir diarrea, una condición que provoca evacuaciones frecuentes y líquidas, y el estreñimiento, que se caracteriza por evacuaciones infrecuentes y difíciles. Estos problemas metabólicos pueden interferir significativamente con la digestión y la absorción de nutrientes esenciales, llevando a un estado de salud comprometido.

Trastornos hepáticos: el desequilibrio puede tener un impacto significativo en el hígado y la vesícula biliar:

— Disfunción hepática y suprarrenal: estas glándulas juegan un papel crucial en la regulación de muchas funciones corporales, y su funcionamiento puede verse comprometido.

— Diabetes: la regulación del azúcar en la sangre está asociada con el buen funcionamiento de este chacra.

— Trastornos alimenticios: condiciones como la anorexia y la bulimia pueden estar vinculadas a desequilibrios en este centro.

— Hepatitis: la inflamación del hígado es otro trastorno que puede surgir.

— Artritis: aunque generalmente se considera una condición articular, la artritis puede estar relacionada con la inflamación y problemas en órganos internos.

— Indigestión crónica aguda: problemas persistentes de digestión pueden ser señal de un chacra desequilibrado.

— Problemas en el páncreas, colon transverso, hígado y vesícula biliar: estos órganos están directamente afectados por el estado de este chacra. Un nudo en el estómago puede ser un indicativo de una emoción bloqueada.

Fatiga crónica: la fatiga crónica, caracterizada por una falta constante de energía y vitalidad, puede ser un síntoma claro de un bloqueo en este centro. Este estado de agotamiento dificulta la realización de actividades diarias y puede impactar negativamente en la calidad de vida.

Ten en cuenta que un desequilibrio en este centro puede provocar una serie de *problemas emocionales* que afectan significativamente la vida diaria. Vamos a explorar algunos de los principales trastornos emocionales asociados con un desequilibrio en este chacra.

Baja autoestima: el chacra del plexo solar está estrechamente relacionado con la autoconfianza y la autoaceptación. Su desequilibrio puede llevar a una baja autoestima, caracterizada por sentimientos de inferioridad y falta de confianza en uno mismo. Las personas pueden encontrar difícil tomar decisiones y ser asertivas. Además, es común que supriman sus sentimientos, llegando a un punto en el que no pueden sentir amor ni aceptación por sí mismas. Este bloqueo emocional puede hacer que se sientan desconectadas de su verdadero ser y de los demás, creando un ciclo de negatividad y autocrítica.

Ansiedad y estrés: un chacra del plexo solar desequilibrado puede desencadenar altos niveles de ansiedad y estrés, aumentando la susceptibilidad a sentirse abrumado por situaciones estresantes. Este desequilibrio dificulta la capacidad de manejar las emociones negativas y compromete la resiliencia emocional y la calma interior. Las personas pueden sentirse constantemente preocupadas, nerviosas y sobrecargadas por las responsabilidades diarias. La ansiedad crónica resultante no solo afecta la salud mental, sino que también puede manifestarse físicamente, exacerbando problemas digestivos y otros trastornos físicos ya existentes. El desequilibrio en este centro puede hacer que los miedos emerjan con mayor frecuencia, afectando la capacidad para enfrentar desafíos y adaptarse a cambios. El estrés constante no solo perjudica la salud mental, sino que también tiene repercusiones físicas, amplificando el malestar general y comprometiendo el bienestar integral.

Trastornos del comportamiento: que afectan tanto a nivel personal como en las relaciones interpersonales. Un desequilibrio en este chacra puede llevar a las personas a adoptar conductas dominantes y agresivas. Estas personas sienten una necesidad imperiosa de controlar a los demás y las situaciones a su alrededor. Esta agresividad es a menudo una manifestación de inseguridad interna y un intento de compensar la falta de control sobre sus propias emociones. La necesidad de ejercer poder sobre los demás puede causar conflictos y tensiones en las relaciones interpersonales, llevando a una dinámica negativa y poco saludable.

En el otro extremo del espectro, un desequilibrio en el chacra del plexo solar puede resultar en una pasividad extrema y falta de iniciativa. Las personas afectadas pueden sentirse incapaces de tomar decisiones o asumir responsabilidades, lo que lleva a una vida estancada donde se pierden oportunidades y las metas personales quedan sin alcanzar. Esta pasividad puede hacer que las personas se sientan atrapadas en un ciclo de inacción y falta de progreso, afectando su sentido de propósito y satisfacción personal.

El desequilibrio en este centro puede llevar a comportamientos extremos en ambos sentidos: la necesidad de controlar a los demás para sentirse seguro, lo cual puede resultar en comportamientos autoritarios y dominantes, o una incapacidad para afirmarse, llevando a comportamientos pasivos y a un descontrol emocional. Estas dinámicas pueden afectar significativamente las relaciones interpersonales, generando conflictos y malentendidos que agravan aún más la situación. Las dinámicas resultantes de estos trastornos del comportamiento pueden tener un impacto profundo en las relaciones interpersonales. Las conductas dominantes y autoritarias pueden generar resentimiento y resistencia en los demás, mientras que la pasividad y la falta de afirmación pueden llevar a una falta de respeto y consideración. Ambas dinámicas pueden crear un entorno de conflicto y malentendidos, dificultando la construcción de relaciones saludables y equilibradas.

Inseguridad y duda: sentirse constantemente inseguro o dudoso acerca de las propias habilidades y decisiones es otro signo de un desequilibrio. Esta inseguridad puede manifestarse en confusión mental, falta de concentración y ansiedad, dificultando la toma de decisiones y la implementación de acciones concretas. La mente se siente dispersa y las ideas no fluyen con claridad, lo que contribuye a una sensación persistente de indecisión e incertidumbre.

Falta de propósito y motivación: la dificultad para encontrar y perseguir metas personales, así como la falta de determinación y motivación, son claros indicios de un plexo solar desequilibrado. Esta falta de propósito puede llevar a un sentimiento de estancamiento, donde la persona se siente atrapada y sin dirección clara. La motivación se ve disminuida, haciendo que cada paso hacia adelante parezca un esfuerzo monumental.

En conclusión, identificar y trabajar en los desequilibrios del tercer centro emocional solar puede ser un verdadero cambio de vida, aliviando una serie de problemas físicos y emocionales. Este proceso de autoexploración y sanación energética es una oportunidad poderosa para transformar la relación con uno mismo y con el mundo que nos rodea, creando una profunda sensación de armonía y plenitud en todos los aspectos de la vida.

Cuando dedicamos tiempo y energía a equilibrar este centro, permitimos que se incremente la autoconfianza y la seguridad en nosotros mismos. Esto nos facilita la gestión del estrés de manera más efectiva y fomenta comportamientos saludables que mejoran nuestra calidad de vida. No solo se trata de sentirnos mejor físicamente, sino también de adoptar una nueva perspectiva emocional que nos permita enfrentar los desafíos cotidianos con calma y resiliencia.

Su equilibrio no solo fortalece la autoconfianza, sino que también nos capacita para tomar decisiones más claras y efectivas. A medida que navegamos por la vida con esta renovada fortaleza interior, nos encontramos mejor equipados para manejar las situaciones diarias sin dejarnos abrumar por la ansiedad o el estrés. Esto mejora nuestra salud emocional y física y nos permite vivir con una mayor sensación de propósito y satisfacción.

En resumen, el tercer centro emocional, o chacra del plexo solar, se desequilibra por falta de autoestima, miedo al fracaso o exceso de control. Esto genera inseguridad, falta de motivación o actitudes dominantes. Sanarlo requiere fortalecer la confianza personal, establecer límites saludables y practicar actividades que promuevan el empoderamiento y la autonomía.

En consulta, este es uno de los centros bloqueados más habituales. Los pacientes me cuentan que sienten un nudo en el estómago y que les cuesta comer, señalando alrededor de la boca del estómago; y es normal. La energía está bloqueada por una emoción y no permite «digerir» nada, pues cuesta aceptar o procesar la situación que se está viviendo en ese momento. Para desbloquearlo, pido a mis pacientes que repitan el mantra «acepto en mi corazón esa parte mía que tiene miedo a aceptar y digerir los cambios que se están produciendo en mi vida». Si alguna vez te has sentido así, te invito a que lo practiques igual que en consulta, tal y como relata un paciente. Practicar este mantra puede ayudarte a liberar esa energía bloqueada y sentir alivio.

Cada vez quería bajar más de peso y era incapaz de mirarme a un espejo, solo lo hacía lo estrictamente necesario y, la mayoría de las veces, acababa insultándome. Llegué a odiar mi cuerpo y terminé tomando laxantes porque me veía la tripa hinchada. Fue entonces cuando me di cuenta de que necesitaba ayuda, que se había convertido en una obsesión y que había perdido en lo que yo había considerado «un juego»… No puedo decir que el comienzo fuese fácil. Yo empecé pensando que mi único problema era tener un trastorno de alimentación, resultó que eso solo era la parte que se ve del iceberg. Gracias a su insistencia, me aprendí sus frases para el plexo y al final la comida bajaba solita por mi estómago y el nudo había desaparecido… ¡que alivio sentí!

Los miedos

El tercer centro emocional está profundamente conectado con nuestra autoestima y nuestra percepción personal. Los miedos asociados con este centro emocional pueden afectar significativamente nuestra vida diaria, nuestras decisiones y nuestras relaciones. A continuación, te muestro algunos de los miedos más comunes relacionados con este chacra:

— Miedo al rechazo: es uno de los más profundos y puede paralizar a una persona, impidiéndole tomar riesgos o expresar sus verdaderos sentimientos. Este miedo puede llevar a la evitación de situaciones sociales o a comportarse de manera complaciente para evitar la desaprobación de los demás. La necesidad de aceptación y pertenencia es inherente, y cuando este centro está desequilibrado, este miedo puede dominar.

— Miedo a la intimidación: el temor a ser intimidado puede surgir de experiencias pasadas de acoso escolar o situaciones en las que uno se ha sentido impotente. Este miedo puede causar una falta de confianza en sí mismo y un retraimiento en situaciones en las que se siente amenazado o juzgado. Su equilibrio ayuda a desarrollar una autodefensa saludable y a enfrentar estos desafíos con valentía.

— Miedo a la crítica: la crítica puede ser devastadora para quienes tienen un chacra del plexo solar desequilibrado. Este miedo puede llevar a evitar cualquier forma de exposición que podría resultar en crítica, lo que a su vez limita el crecimiento personal y profesional. La crítica constructiva es una herramienta valiosa para el desarrollo, pero cuando se ve como una amenaza, puede convertirse en un obstáculo significativo.

— Miedo a parecer estúpido: el miedo a parecer estúpido en público puede ser extremadamente limitante. Este temor puede evitar que las personas participen en debates, hagan preguntas o compartan sus ideas, por temor a ser ridiculizadas. Al equilibrar este centro, se cultiva una mayor confianza en las propias capacidades intelectuales y se reduce este miedo.

— Miedo a no cumplir las propias responsabilidades: la responsabilidad puede sentirse como una carga abrumadora para quienes tienen un desequilibrio en este chacra. El miedo a no cumplir con las expectativas propias o ajenas puede causar una ansiedad paralizante. El equilibrio del chacra del plexo solar ayuda a desarrollar una perspectiva más saludable hacia las responsabilidades, promoviendo la autoeficacia y la confianza.

— Miedo a que descubran «mi secreto»: este temor está relacionado con la vergüenza y la culpa. El miedo a que otros descubran aspectos ocultos de uno mismo puede causar una gran ansiedad y llevar a comportamientos evasivos. Trabajar en su equilibrio puede ayudar a enfrentar estos miedos, promoviendo la autenticidad y la aceptación de uno mismo.

— Temores relacionados con la apariencia física: la sociedad impone muchas expectativas sobre la apariencia física, y el miedo a no cumplir con estos estándares puede impactar profundamente en la autoestima. Este temor puede llevar a una obsesión con la imagen corporal y a comportamientos poco saludables. Un chacra del plexo solar equilibrado fomenta una autoimagen positiva y la aceptación del propio cuerpo.

— Miedo a la propia estima: el miedo a la propia estima se manifiesta en la duda constante sobre el propio valor. Las personas pueden sentirse indignas de amor, éxito o felicidad. Este miedo puede ser debilitante, impidiendo que las personas persigan sus sueños y alcancen su potencial. Al equilibrar este chacra, se fortalece la autoestima y se promueve una mayor autoaceptación.

— Excesiva sensibilidad a la crítica: la sensibilidad extrema a la crítica puede llevar a una profunda inseguridad y a una reacción desproporcionada a comentarios negativos. Las personas pueden volverse defensivas o retraídas como mecanismo de protección. Trabajar en el equilibrio del chacra del plexo solar ayuda a desarrollar una mayor resiliencia emocional y una respuesta más constructiva a la crítica.

Solución

Equilibrar este centro es esencial para mantener tanto la salud emocional como la física. Te presento algunas técnicas efectivas que puedes incorporar en tu rutina diaria para lograr este equilibrio y cultivar un bienestar integral que abarque tu salud emocional y física. Su equilibrio proporciona una base para vivir con más seguridad, creatividad y una conexión profunda con tu verdadero ser. Estas pequeñas pero poderosas prácticas pueden ayudarte a alcanzar un estado de paz y armonía.

Técnicas psicológicas:

— Terapia cognitivo-conductual (TCC): es una técnica que puede ayudarte a identificar y modificar patrones de pensamiento negativos que afectan tu autoestima y confianza. Trabajar con un terapeuta especializado en TCC te proporciona herramientas y estrategias para cambiar tu perspectiva y mejorar tu bienestar emocional. A través de sesiones regulares, aprenderás a desafiar y reestructurar pensamientos limitantes, lo cual puede tener un impacto significativo en cómo te percibes y en tu capacidad para enfrentar los desafíos de la vida.

— Mindfulness y meditación: las prácticas de mindfulness y meditación son esenciales para fomentar la autorreflexión y desarrollar una mayor conciencia y aceptación de uno mismo. Estas técnicas te enseñan a vivir en el presente, a apreciar cada momento y a reducir el estrés. Al integrar la meditación en tu rutina diaria, puedes lograr un estado de calma y equilibrio que refuerza tu conexión con el chacra del plexo solar, mejorando tu bienestar tanto físico como emocional.

— Meditación y yoga: la meditación enfocada en el área del estómago, combinada con posturas de yoga que fortalecen el abdomen, como la postura del barco, son extremadamente beneficiosas. Estas prácticas ayudan a centrar la energía en el chacra del plexo solar, promoviendo un flujo energético equilibrado y saludable. El yoga no solo mejora la fuerza física y la flexibilidad, sino que también contribuye a un estado mental de claridad y concentración. Las meditaciones que te recomiendo son: visualización para conectar el plexo solar, meditación del duelo y meditación para aceptar el cambio. Si estás interesada en alguna de ellas, escríbeme a esthervaras@gmail.com y te la enviaré encantada.

— Terapia de aceptación y compromiso (ACT): se centra en la aceptación de emociones y pensamientos difíciles, fomentando la acción dirigida por valores personales. Esta terapia te ayuda a vivir de acuerdo con tus valores más profundos, enfrentando desafíos emocionales con mayor resiliencia y propósito. Al incorporar la ACT en tu vida, puedes desarrollar una mayor flexibilidad psicológica y una capacidad más robusta para manejar el estrés y la adversidad.

Técnicas de desarrollo personal:

— Respétate a ti mismo: desarrollar una comprensión profunda de ti mismo es crucial para mantener una autoestima y confianza saludables. Aprende a identificar y respetar tus propios límites y necesidades, y prioriza tu bienestar emocional. Esta autocomprensión te permitirá tomar decisiones más alineadas con tus verdaderas necesidades y deseos.

— Desarrolla la capacidad intuitiva: la intuición es una herramienta poderosa que puedes utilizar para tomar decisiones en el momento. Al confiar en tu intuición, puedes guiarte hacia decisiones que estén alineadas con tu verdadero ser. Esto no solo refuerza tu confianza en ti mismo, sino que también te ayuda a navegar la vida con mayor fluidez y certeza.

— Cuida de ti mismo: hacer elecciones de estilo de vida que beneficien tu vitalidad, comprensión y aceptación es fundamental para mantener un autocuidado adecuado. Esto incluye desde la nutrición y el ejercicio, hasta el establecimiento de hábitos saludables y la búsqueda de tiempo para la relajación y el disfrute personal. Un buen autocuidado asegura que no cedas tu poder a otros y que mantengas un equilibrio interno.

— Cree en ti mismo: tener fe en tus capacidades y mantener un poder interior sólido es esencial. Esto se logra a través de la ética, la autodisciplina y la ambición. Desarrolla las habilidades necesarias para generar acción, manejar crisis y tomar riesgos con valentía. Este enfoque proactivo fortalece tu capacidad para enfrentar desafíos y perseguir tus metas con determinación.

— Desarrollo de la identidad: el desarrollo de una identidad fuerte es crucial. A través de prácticas de autoexploración y sanación, puedes afirmar tu sentido de ti mismo y tu propósito en la vida. Este proceso te ayuda a entender quién eres realmente y qué es lo que valoras, proporcionando una base sólida sobre la cual construir tu vida.

— Autoestima y confianza: al equilibrar el chacra del plexo solar, recibirás una fuente de fortaleza y sabiduría, aumentando tu confianza y autoestima para enfrentar los desafíos de la vida. Esta fortaleza interna te permitirá abordar situaciones difíciles con más seguridad y resiliencia.

— Sentido de pertenencia: reconocer y trabajar en la conexión con este chacra refuerza tu sentido de pertenencia a tu comunidad y te brinda apoyo social. Sentirse parte de una comunidad te proporciona un sentido de seguridad y conexión, lo cual es esencial para el bienestar emocional.

— Profundización de la fe: espiritualmente, el equilibrio de este chacra fortalece tu vínculo con tus creencias y valores, promoviendo una vida más plena y significativa. Este vínculo espiritual te brinda una guía y un propósito que te ayudan a navegar la vida con un sentido de dirección y claridad.

— Fortalecimiento del compromiso: comprometerte con tu crecimiento personal y espiritual te guiará hacia una vida llena de propósito y satisfacción. Este compromiso es la clave para alcanzar tus metas y vivir una vida alineada con tus valores y aspiraciones.

— Experiencia de la gracia: Esta experiencia puede traerte una sensación de paz, alegría y amor, reforzando tu conexión espiritual y brindándote un profundo sentido de armonía. La gracia es una manifestación de la conexión profunda con tu esencia y con el universo, permitiéndote vivir una vida más equilibrada y plena. Para ello te puede ayudar el dar las gracias cada noche por tres cosas, ¡pruébalo y veras que bien sienta!

Técnicas complementarias para su equilibrio:

— Aromaterapia: la aromaterapia es una práctica terapéutica que emplea aceites esenciales extraídos de plantas como el romero, la lavanda y la bergamota y que puede ser especialmente beneficiosa para fomentar el bienestar físico y emocional, calmar y equilibrar este centro. Se ha demostrado que estimula la función inmunológica, reduciendo así la necesidad de recurrir a antidepresivos, sedantes o estimulantes, pues estos aromas tienen propiedades relajantes que ayudan a reducir el estrés y a promover un estado de paz interior En ciertas prácticas de salud, los aromas pueden inducir efectos metabólicos en el cuerpo. En resumen, los olores no solo evocan recuerdos del pasado, sino que también pueden influir directamente en nuestra salud física y emocional. La aromaterapia es una herramienta poderosa que utiliza estas conexiones para mejorar nuestro bienestar general. Incorporar estos aceites en tu rutina diaria, ya sea mediante difusores, masajes o baños aromáticos, puede contribuir significativamente a mantener un equilibrio emocional y físico.

— Actividades de confianza: participar en actividades diseñadas para aumentar tu autoconfianza es otra técnica complementaria importante. Actividades como hablar en público, asumir nuevos retos y practicar afirmaciones positivas pueden hacer una gran diferencia en tu autoestima. Estas prácticas no solo fortalecen tu confianza, sino que también te ayudan a sentirte más seguro de ti mismo en diversas situaciones. Enfrentar y superar estos desafíos te proporciona una sensación de logro y competencia que es fundamental para el equilibrio del chacra del plexo solar.

— Afirmaciones positivas: repetir frases motivadoras a diario puede tener un gran impacto en tu bienestar emocional. Frases como «tengo el poder de crear mi propia vida», «soy fuerte y capaz» y «confío en mi intuición» actúan como recordatorios poderosos de tus capacidades y potencial. Estas afirmaciones positivas ayudan a reprogramar tu mente, fortaleciendo la confianza en ti mismo y mejorando tu percepción personal. Incorporar esta práctica en tu rutina matutina o vespertina puede cambiar significativamente tu enfoque y actitud hacia los desafíos diarios. A mis pacientes les recomiendo: «me acepto y valoro tal como soy», «cada día me respeto más», «me siento seguro y a salvo,» y mi favorita «acepto en mi corazón esa parte mía que tiene miedo a aceptar y digerir los cámbios que se están produciendo en mi vida».

— Alimentación: la dieta también juega un papel crucial en el equilibrio. Consumir alimentos de color amarillo como plátanos, maíz y piña, además de aquellos que favorecen una buena digestión, puede apoyar el equilibrio de este chacra. Estos alimentos proporcionan la energía necesaria para mantener este centro energético saludable. Adoptar una dieta equilibrada y consciente no solo nutre tu cuerpo, sino que también influye en tu bienestar emocional, asegurando que mantengas un estado de armonía y vitalidad.

— Practicar actividades que aumenten la confianza: hablar en público, asumir nuevos retos y participar en actividades sociales pueden ayudar a fortalecer la autoconfianza.

— Meditación enfocada en la región del estómago: las meditaciones que dirigen la atención a esta área pueden promover la armonía interna.

— Yoga para fortalecer el área abdominal: practicar posturas de yoga que se centren en el abdomen puede ayudar a equilibrar este chacra.

— Uso de cristales: el citrino es un cristal asociado con el plexo solar y puede ser usado durante la meditación para fomentar el equilibrio energético.

El tercer centro emocional no solo tiene una importancia individual, sino que también se interconecta profundamente con otros chacras, creando una red energética que sustenta y potencia el bienestar general, por ejemplo:

— Trabaja en estrecha colaboración con los chacras inferiores: el chacra raíz y el chacra sacro. Estos, en conjunto, proporcionan una base sólida de seguridad y creatividad. El primero, ubicado en la base de la columna, está asociado con la sensación de seguridad y estabilidad. Es el fundamento sobre el cual se construyen los otros chacras. Un chacra raíz equilibrado ofrece una sensación de arraigo y confianza en el mundo. El chacra sacro, situado en la región pélvica, está vinculado a la creatividad, la sexualidad y las emociones. Cuando el chacra del plexo solar se alinea con estos chacras inferiores, se crea una base sólida que no solo soporta, sino que también nutre la expresión creativa y emocional, estableciendo un flujo energético que fortalece la vitalidad y la conexión con uno mismo y con los demás.

— Trabaja con los chacras superiores: además, este centro emocional proporciona la confianza y el poder necesarios para expresar la verdad y abrir el corazón. El chacra de la garganta, que se encuentra en la base del cuello, está asociado con la comunicación y la expresión de la verdad. Un chacra de la garganta equilibrado permite expresar pensamientos y sentimientos de manera clara y auténtica. La conexión con el chacra del plexo solar refuerza esta habilidad, ofreciendo la valentía necesaria para hablar con sinceridad y convicción. También está relacionado con el amor, la compasión y la conexión emocional. Un chacra del corazón abierto y equilibrado permite dar y recibir amor sin reservas. La energía del chacra del plexo solar complementa esta apertura al corazón, proporcionando la fuerza interior necesaria para mantener relaciones saludables y amorosas, y para abordar las emociones con compasión y comprensión.

La integración de estos chacras crea una sinergia poderosa que sostiene tanto el bienestar emocional como el físico. Mantener un equilibrio en este centro emocional no solo fortalece sus propias funciones, sino que también amplifica la energía y el equilibrio de los chacras con los que está conectado. Este enfoque holístico asegura una vida más equilibrada, plena y enriquecedora, llena de seguridad, creatividad, verdad y amor, promoviendo un sentido profundo de armonía y plenitud en todos los aspectos de la vida, y donde cada aspecto de nuestro ser trabaja en armonía con los demás.

En resumen, una persona con baja autoestima no podrá actuar de acuerdo con sus impulsos intuitivos, ya que su miedo al fracaso es muy grande. La orientación de la intuición requiere acción y, aunque no garantiza seguridad, sí promueve el crecimiento personal. Así que, tómate el tiempo para trabajar en este aspecto vital de tu ser y trabajar en el equilibrio del tercer centro emocional porque tiene un impacto significativo tanto a nivel psicológico como espiritual. La meditación, el yoga y la terapia son herramientas maravillosas que pueden ayudarte a restaurar ese equilibrio, llevándote a una vida más saludable y equilibrada. Permítete explorar, sanar y crecer, y descubre cómo estos pequeños cambios pueden tener un impacto monumental en tu bienestar general.

Recuerdo un caso de baja autoestima en consulta. Era un joven de unos veintitrés años, brillante de mente y agradable en apariencia y muy sociable, aunque se consideraba demasiado delgado y nada agraciado, sin la musculatura que otros chicos de su edad exhibían. Esta percepción, sumada a varias experiencias traumáticas en el ámbito amoroso, provocó que su autoestima se desplomara y se maltratara psicológicamente, algo que repercutía directamente en los resultados académicos y en las relaciones familiares. Decidí que, mientras trabajábamos en su desarrollo emocional para aprender a conocerse y valorarse, también se divirtiera «moviendo su cuerpo». La idea era que se olvidara de su aspecto físico y que aprendiera a apreciar otras cualidades como la flexibilidad, la agilidad, la coordinación, el ritmo y la energía que fluía por su cuerpo. Por ello, le sugerí inscribirse en clases de baile, específicamente de salsa. Los resultados fueron muy positivos. Se divertía, hacía ejercicio mientras socializaba y comenzaba a abrirse a los demás, lo que redujo su timidez derivada de la baja autoestima. Los resultados académicos mejoraron un 100 %, lo cual incidía positivamente sobre su autoestima y sus relaciones familiares. Hoy en día, sigue asistiendo a sus clases de baile, ha terminado su carrera y tiene un trabajo estupendo. Además, se ha animado a correr y ha encontrado a su amor.

¡A practicar!

■ Pregúntate:

Reflexiona sobre las siguientes preguntas, esto puede ayudarte a entender mejor tus propias necesidades, deseos y capacidades, y a identificar áreas en tu vida que puedan necesitar atención o cambio.

— ¿A qué necesito renunciar?

— ¿Qué necesito conservar?

— ¿Sé lo que quiero y tengo confianza en ser capaz de manifestarlo?

— ¿Puedo tomar decisiones y actuar sobre ellas?

— ¿Soy consciente de mis emociones y puedo controlarlas?

— ¿Soy capaz de liberar mi mente y evitar el conflicto con mis sentimientos?

— ¿Cumplo lo que planeo?

■ Reflexiona sobre...

— ¿Te gustas?

— ¿Qué no te gusta de ti y por qué?

— ¿Qué estás haciendo para cambiar las cosas que no te gustan de ti?

— ¿Eres sincero contigo mismo?

— ¿Falseas a veces la verdad? ¿Por qué?

— ¿Cuál es tu código de honor?

— ¿Criticas a otras personas? ¿Y a ti mismo?

— ¿Necesitas culpar a otros para protegerte?

— ¿Reconoces cuándo tienes razón?

— ¿Escuchas la opinión que los demás tienen de ti?

— ¿Necesitas la aprobación de los demás? ¿Por qué?

— ¿Te consideras fuerte o débil?

— ¿Sabes cuidar de ti mismo?

— ¿Prefieres tener una relación por miedo a estar solo?

— ¿Te respetas? ¿Cómo lo haces?

— ¿Eres capaz de hacer cambios en tu estilo de vida y ser fiel al compromiso?

— ¿Tienes miedo a la responsabilidad o te sientes responsable de todo y de todos?

— ¿Estás contento con la vida que llevas? En caso negativo, ¿estás haciendo algo para cambiarla o te has resignado a la situación?

— ¿Necesitas que los demás reconozcan tus avances?

— ¿Exiges agradecimiento a alguien que has ayudado?

— ¿Te resulta difícil animar o fortalecer a otras personas?

— ¿Es fácil para ti felicitar a los demás y darles las gracias?

— ¿Te resulta humillante pedir ayuda?

Puedes escribir los resultados de ese trabajo en tu cuaderno de trabajo. ¡Tómate el tiempo necesario para explorar tus pensamientos y emociones!

Cuarto centro emocional

Por el aire despliegas tus emociones
y cultivas la compasión y capacidad de amar

El cuarto centro emocional, conocido como el chacra del corazón o Anahata en sánscrito, se ubica en el centro del pecho, en la zona del corazón. Es el centro de la «consciencia del sí mismo» y actúa como el punto de equilibrio entre los chacras inferiores, asociados con la materia, y los chacras superiores, relacionados con el espíritu.

Este centro está profundamente vinculado con la expresión de las emociones de amor, compasión y perdón, ya que en él reside la energía más poderosa: el amor y el perdón. Influye en la manera en que aceptamos y comunicamos nuestros sentimientos, en cómo manifestamos nuestra vida afectiva y en las relaciones íntimas que establecemos con los demás. Nos abre a la posibilidad de compartir lo que sentimos y cómo lo experimentamos, conectándonos con nuestra capacidad de amar y ser amados, así como de mantener relaciones armoniosas. Se considera la fuente de todas las posibilidades de deleite estético, de un amor pleno y de la unidad con la naturaleza. Además, es crucial para el equilibrio emocional y la sanación. Está asociado con el color verde y con piedras como el cuarzo rosa, la esmeralda y la aventurina verde. Su elemento es el aire, que simboliza la libertad y la expansión.

Cumple varias funciones esenciales para nuestro bienestar emocional, mental y físico. Algunas de las principales funciones de este importante centro energético son:

— Amor y compasión. El chacra del corazón es el epicentro del amor incondicional, la compasión y la empatía. Nos facilita la capacidad de dar y recibir amor sin condiciones, promoviendo relaciones saludables y armoniosas. A través de este chacra, experimentamos y expresamos sentimientos profundos de amor y comprensión hacia nosotros mismos y hacia los demás. Esta capacidad de amar y ser amado nos ayuda a conectar de manera genuina con quienes nos rodean, fortaleciendo nuestros lazos afectivos y nuestra salud emocional.

— Perdón y sanación. El chacra del corazón también es el centro del perdón y la sanación emocional. Nos permite liberar resentimientos y perdonar tanto a otros como a nosotros mismos, lo cual es crucial para la paz interior y el bienestar emocional. La capacidad de perdonar nos libera de cargas emocionales y nos permite avanzar con una mente y un corazón más ligeros. Esta función de sanación es esencial para superar heridas emocionales y construir una vida emocionalmente equilibrada.

— Equilibrio emocional. El chacra del corazón actúa como un puente entre los chacras inferiores, asociados con las necesidades materiales, y los chacras superiores, relacionados con el espíritu y la intuición. Este equilibrio es fundamental para mantener una armonía entre nuestras necesidades físicas y espirituales. Un chacra del corazón equilibrado nos permite gestionar nuestras emociones de manera saludable, manteniendo un estado emocional estable. Este equilibrio emocional es clave para enfrentar los desafíos de la vida con serenidad y resiliencia.

— Conexión y unidad. Este chacra nos conecta con la energía de la unidad y la interconexión de todas las cosas. A través de Anahata, sentimos una profunda conexión con la naturaleza, los demás seres humanos y el universo en general. Esta conexión nos ayuda a experimentar un sentido de pertenencia y a comprender nuestra relación con el todo. Nos sentimos parte de algo más grande, lo que nos brinda una mayor paz interior y una sensación de propósito.

— Disfrute estético y apreciación de la belleza. Este centro emocional es la fuente de todas las posibilidades de deleite estético. Nos permite apreciar la belleza en el arte, la naturaleza y la vida misma. Esta apreciación nos llena de alegría y nos ayuda a mantener una perspectiva positiva y gratificante de la vida. Experimentar el mundo a través de la lente del amor y la belleza enriquece nuestra existencia y nos proporciona una fuente constante de inspiración y bienestar.

Este centro energético influye en una variedad de órganos vitales que desempeñan funciones esenciales tanto a nivel fisiológico como emocional. Los órganos clave asociados incluyen:

— El corazón: el corazón es el epicentro de nuestro sistema circulatorio, responsable de bombear sangre a todo el cuerpo, proporcionando oxígeno y nutrientes esenciales. Metafóricamente, se considera el asiento del amor y la compasión, conectándonos con nuestras emociones más profundas y nuestra capacidad para amar.

— Los pulmones: los pulmones permiten la respiración, un proceso vital que nos proporciona oxígeno y expulsa dióxido de carbono. Desde una perspectiva emocional, una respiración profunda y regular ayuda a liberar tensiones y a calmar la mente, promoviendo la relajación y el equilibrio.

— Hombros: los hombros soportan el peso de nuestras responsabilidades físicas y emocionales. A menudo, acumulamos tensiones en esta área, lo que refleja nuestro estado de estrés y ansiedad. Liberar esta tensión puede ser clave para mejorar nuestro bienestar general.

— Pechos: los pechos no solo representan una parte importante del sistema reproductivo y de lactancia, sino que también son un símbolo de nutrición y cuidado, tanto físico como emocional.

— Sistema **circulatorio**: este sistema incluye el corazón, los vasos sanguíneos y la sangre, desempeñando un papel crucial en el mantenimiento de la homeostasis del cuerpo. A través de los vasos sanguíneos, la sangre es transportada desde el corazón hacia todas las partes del cuerpo, asegurando que cada célula reciba el oxígeno y los nutrientes que necesita. Además, los vasos sanguíneos simbolizan la conexión y la interdependencia, reflejando cómo nuestras emociones pueden influir en la circulación y, por ende, en nuestra salud general. Un sistema circulatorio saludable representa un equilibrio emocional adecuado, donde las emociones son gestionadas y expresadas de manera sana.

— Costillas: las costillas protegen órganos vitales como el corazón y los pulmones. También son un recordatorio de la importancia de la protección y el apoyo en nuestras vidas, tanto físico como emocional.

— Brazos y manos: estas extremidades son cruciales para la acción y la comunicación. A nivel emocional, los brazos y las manos son extensiones de nuestro corazón, permitiéndonos dar y recibir afecto, así como expresar nuestras emociones a través del contacto físico.

— Diafragma y esófago: el diafragma juega un papel crucial en la respiración, mientras que el esófago es parte del sistema digestivo. Ambos órganos están conectados con el proceso de absorción y liberación, no solo de nutrientes, sino también de emociones y experiencias.

— Glándula del timo: este órgano es parte integral del sistema inmunológico, desempeñando un papel crucial en la maduración de las células T, que son vitales para la defensa del cuerpo contra enfermedades. Energéticamente, el timo está asociado con la vitalidad y la defensa emocional, ayudándonos a mantenernos fuertes frente a adversidades emocionales.

En resumen, cada uno de estos órganos no solo tiene funciones fisiológicas específicas, sino que también desempeña un papel simbólico en la manera en que procesamos y expresamos nuestras emociones. Serían de forma metafórica los locutores que emiten y comunican nuestras emociones.

Su equilibrio

Un desequilibrio en el chacra del corazón puede manifestarse de varias maneras, afectando tanto nuestras emociones como nuestras interacciones con los demás. Cuando hay una *deficiencia* en este centro, podemos experimentar una incapacidad para amar o recibir amor, llevando a un aislamiento emocional. En estos casos, la desconfianza y el resentimiento pueden dominar nuestros sentimientos, creando una barrera que nos impide conectar con los demás a un nivel profundo y auténtico.

Por otro lado, un *exceso* puede ser igualmente problemático. Se puede manifestar como codependencia, donde sacrificamos en exceso nuestras propias necesidades por los demás. Este exceso puede llevar a la falta de límites personales, generando sentimientos de celos y desequilibrio en nuestras relaciones. En este estado, podemos perder de vista nuestras propias necesidades y bienestar, priorizando a los demás de una manera que no es sostenible ni saludable.

Cuando este centro está equilibrado, sus efectos positivos se exteriorizan de varias maneras significativas y enriquecedoras:

— Amor y ternura hacia los demás: un corazón equilibrado nos permite mostrar afecto y cuidado genuino hacia quienes nos rodean, construyendo relaciones saludables y fuertes.

— Sentimientos infantiles de asombro, inocencia y felicidad: experimentar el mundo con una perspectiva fresca y curiosa nos permite encontrar alegría en los pequeños detalles de la vida diaria, promoviendo una actitud positiva y optimista.

— Desarrollo del sentido de la belleza y la armonía: apreciar la belleza en el arte, la naturaleza y las interacciones humanas nos ayuda a mantener un equilibrio emocional y a fomentar una vida armoniosa y satisfactoria.

— Crecimiento, regeneración, serenidad y paz interior: un chacra del corazón equilibrado contribuye a nuestro crecimiento personal y emocional, proporcionando una sensación de calma y estabilidad interna que facilita la resiliencia frente a los desafíos de la vida.

— Estimulación del sistema inmunitario y protección contra las enfermedades: el equilibrio emocional tiene un impacto directo en nuestra salud física, fortaleciendo nuestro sistema inmunitario y ayudándonos a combatir enfermedades de manera más efectiva.

— Comprensión, solidaridad y búsqueda de la armonía: la empatía y la compasión se ven reforzadas, permitiéndonos entender y apoyar mejor a los demás. Buscamos la armonía en nuestras relaciones y en el entorno en el que vivimos.

— Preocuparte por lo demás: un equilibrio saludable permite priorizar las necesidades de los demás sin descuidar nuestras propias necesidades, fomentando un sentido de comunidad y colaboración.

— Valoración de las cosas simples de la vida y satisfacción con lo que se tiene: la gratitud y la apreciación de las pequeñas cosas nos llevan a sentirnos más satisfechos y contentos con lo que tenemos, reduciendo el deseo constante de más.

— Amor como puente entre lo humano y lo divino: el amor en su forma más pura nos conecta con una dimensión espiritual más elevada, permitiéndonos experimentar una sensación de unidad y propósito en la vida.

Cuanto más desarrollado y abierto esté el cuarto centro emocional, menor será nuestro ego, ya que es el centro a través del cual amamos. Cuando este centro está activo, se manifiesta como una aceptación gozosa de uno mismo y de los demás. Experimentamos una profunda paz debido a la ausencia de conflictos y al estar en armonía con todo lo que nos rodea, lo cual valoramos profundamente hasta el punto de sentirnos agradecidos por su existencia. Vivir en amor es vivir en equilibrio, en un estado permanente de gracia, delicadeza, flexibilidad, tolerancia, amabilidad y relajación.

Sin embargo, cuando el chacra del corazón está *desequilibrado*, se manifiestan diversos síntomas negativos que pueden impactar significativamente tanto nuestro bienestar emocional como físico.

— Sentimientos de soledad, tristeza y melancolía: la desconexión emocional puede llevar a un aislamiento profundo, generando sensaciones de vacío y desesperanza que dificultan nuestras interacciones sociales y personales.

— Baja autoestima e inestabilidad emocional: la falta de equilibrio en este centro puede resultar en una percepción negativa de uno mismo, provocando fluctuaciones emocionales que afectan nuestra confianza y autoimagen.

— Actitud reservada, cauta y temerosa: la desconfianza hacia los demás y el miedo al rechazo o a ser heridos emocionalmente nos lleva a adoptar una postura defensiva, limitando nuestras experiencias y relaciones.

— Sistema inmunológico debilitado: un chacra del corazón desequilibrado puede impactar directamente nuestra salud física, debilitando el sistema inmunológico. Esto puede desencadenar diversos problemas de salud, como:

Problemas de alcoholismo: uso excesivo de alcohol como mecanismo de escape emocional.

Trastornos circulatorios: problemas con la circulación sanguínea, aumentando el riesgo de enfermedades cardiovasculares.

Colesterol alto: aumento de los niveles de colesterol debido a una dieta inadecuada y estrés emocional.

Dolores lumbares: tensión acumulada en la parte baja de la espalda.

Infartos y anginas de pecho: afecciones cardiacas graves provocadas por el estrés y la mala salud cardiovascular.

Leucemia y otras patologías sanguíneas: aunque es un vínculo menos directo, el estrés y la debilidad inmunológica pueden influir en la predisposición a enfermedades graves. Como por ejemplo la leucemia, la anemia aplásica, la hemofilia, la trombosis.

Impotencia: problemas relacionados con la salud sexual y reproductiva.

Reumatismo: enfermedades inflamatorias que afectan las articulaciones y otros tejidos conectivos.

Es fundamental trabajar en mantenerlo equilibrado para evitar estos síntomas negativos y fomentar un estado de bienestar integral. Practicar el autocuidado, la meditación y las relaciones saludables son algunas de las formas de lograr este equilibrio.

Es probable que en algún momento hayas sentido presión en el pecho o experimentado un ataque de ansiedad. Es común que este centro emocional esté bloqueado, ya que muchas veces nos cuesta aceptarnos y amarnos tal como somos. Nos criticamos y juzgamos automáticamente, temiendo que los demás perciban en nosotros algo negativo, feo o inaceptable. La falta de autoconocimiento nos hace inseguros sobre cómo nos ven los demás, bloqueando así la autoaceptación y el amor propio. Esto puede manifestarse en síntomas físicos y, en casos extremos, provocar ataques de ansiedad y pánico, generando una sensación de asfixia y temor a morir, al sentir que no podemos respirar.

Esto ocurre porque el cerebro, al no recibir suficiente oxígeno, interpreta que está en peligro de muerte. Nacemos con dos instintos fundamentales: la pulsión de vida y la pulsión de muerte. Cuando estamos ansiosos y estresados, el cerebro envía señales de alarma al cuerpo debido a la falta de oxígeno, interpretando esta situación como una amenaza de muerte. Esto genera una alarma en todo el cuerpo y, de forma instintiva como mecanismo de defensa natural, abrimos más la boca para captar más aire. Tomar más aire y realizar respiraciones profundas permite que el oxígeno circule hasta el cerebro a través de la sangre. Al recibir más oxígeno, el cerebro se relaja, activando la pulsión de vida, lo que hace desaparecer la ansiedad y la sensación de asfixia.

La energía de Anahata se manifiesta de diferentes maneras dependiendo del equilibrio emocional de la persona.

Polo del poder: relacionado con la acción de dar y proteger. Aquí se describen emociones intensas y activas, como la pasión, la rabia y la alegría, junto con actitudes como el estoicismo, el valor y el duelo ante la pérdida. Estas emociones suelen surgir en relaciones donde predomina cierta independencia o aislamiento, y donde se adopta un rol protector o paternal hacia los demás.

Polo opuesto: relacionado con la receptividad de amar y aceptar. En contraste, este polo refleja emociones más receptivas y pasivas, como el amor, el resentimiento, la serenidad y la paz, así como depresión y sensación de abandono. Estas expresiones emocionales tienden a aparecer en relaciones donde hay una apertura hacia la vulnerabilidad, la aceptación de apoyo, la disposición a recibir y la capacidad de perdonar.

En resumen, la energía de Anahata equilibra ambos polos: el polo de acción y el polo de receptividad, mostrando cómo nuestras emociones y relaciones fluyen dependiendo de nuestro estado interno. Este equilibrio es clave para mantener una conexión sana con nosotros mismos y con los demás

Las enfermedades

El cuarto centro emocional está profundamente conectado con nuestras emociones de amor, compasión y perdón. Cuando este chacra se desequilibra debido a las emociones reprimidas, falta de autoestima, relaciones tóxicas o estrés crónico, puede manifestarse en una variedad de problemas de salud tanto físicos como emocionales:

Enfermedades físicas

Problemas cardiovasculares: debido a su ubicación en la región del corazón, un desequilibrio en el chacra del corazón puede provocar diversas afecciones cardiovasculares.

— Hipertensión: la presión arterial alta puede ser una manifestación de estrés y tensión emocional, relacionados con la incapacidad de manejar las emociones de manera saludable.

— Enfermedades coronarias: la obstrucción de las arterias coronarias puede estar vinculada a la acumulación de estrés y emociones negativas como la ira y el resentimiento.

— Arritmias: los ritmos cardiacos irregulares pueden surgir del desequilibrio emocional y del estrés crónico, afectando el sistema eléctrico del corazón.

— Dolor en el pecho: este síntoma puede ser tanto físico como psicosomático, relacionado con la ansiedad y el estrés que bloquean este centro.

— Ensanchamiento anormal del corazón: también conocido como cardiomegalia, puede ser resultado de presión arterial alta o enfermedades cardiacas crónicas no tratadas.

Trastornos respiratorios: este centro está también conectado con el sistema respiratorio. Veamos cómo influye.

— Asma: esta afección puede ser exacerbada por el estrés emocional y la ansiedad, que afectan la capacidad de los pulmones para funcionar correctamente.

— Alergias: las reacciones alérgicas pueden estar relacionadas con el sistema inmunológico, ya que se ve afectado por el estrés.

— Cáncer de pulmón: aunque múltiples factores contribuyen al desarrollo del cáncer, el estrés emocional crónico puede debilitar el sistema inmunológico, aumentando la susceptibilidad, en este centro emocional, al cáncer de pulmón. Esto sucede porque el estrés prolongado eleva los niveles de cortisol, afectando la capacidad del cuerpo para combatir células anormales. Aunque no es la causa directa, el estrés puede influir indirectamente en el desarrollo de enfermedades graves, reflejando así como la salud emocional impacta el bienestar físico.

— Neumonía: las infecciones respiratorias pueden ser más frecuentes y graves en personas con un sistema inmunológico debilitado debido a un estrés constante y emociones no resueltas.

Dolores en la parte superior de la espalda: los bloqueos en el chacra del corazón pueden manifestarse como tensiones y dolores en la parte superior de la espalda y los hombros.

— Problemas en las cervicales: la tensión en el cuello y los hombros puede estar relacionada con el estrés y las emociones reprimidas.

— Enfermedades de mamas: incluyendo el cáncer de mama, pueden estar influenciadas por desequilibrios emocionales y hormonales relacionados con este centro.

Enfermedades emocionales

Dificultad para amar y ser amado: el desequilibrio puede generar una incapacidad para formar y mantener relaciones afectivas saludables.

— Desapego emocional: las personas pueden sentirse desconectadas de los demás, incapaces de establecer vínculos profundos y significativos.

— Incapacidad para recibir amor: pueden tener dificultades para aceptar el amor de los demás, lo que puede llevar a sentimientos de soledad y aislamiento.

Tristeza y depresión: su desequilibrio puede llevar a profundos sentimientos de tristeza, desesperanza y depresión.

— Desesperanza: la falta de fe en uno mismo y en los demás puede resultar en un estado constante de melancolía y abatimiento.

— Depresión: la acumulación de emociones negativas no expresadas puede llevar a un trastorno depresivo que afecta la calidad de vida y la salud general.

Resentimiento y falta de perdón: la incapacidad para perdonar a otros o a uno mismo puede causar una acumulación de resentimiento y amargura.

— Acumulación de resentimiento: las emociones negativas retenidas pueden envenenar las relaciones y crear un ciclo de negatividad y conflictos.

—Amargura: la incapacidad para liberar el resentimiento puede llevar a una actitud cínica y una visión negativa de la vida.

Resumiendo, el cuarto centro emocional, conocido como el chacra del corazón, está profundamente vinculado a emociones como el amor, la compasión y el perdón. Su desequilibrio puede manifestarse en diversas enfermedades que afectan tanto el ámbito físico como emocional. A nivel físico, este desbalance puede dar lugar a problemas cardiovasculares, como hipertensión o enfermedades coronarias, además de afecciones respiratorias, como asma o dificultades para respirar. En el plano emocional, un chacra del corazón desequilibrado puede contribuir a sentimientos de tristeza profunda, depresión, resentimiento o dificultad para establecer vínculos afectivos saludables.

Mantener este centro en equilibrio es esencial para prevenir estas afecciones y promover una conexión sana entre nuestras emociones y nuestro cuerpo. Practicar la autoaceptación, el perdón y la expresión emocional puede ayudar a restablecer su armonía

Los miedos

Este centro emocional es esencial para nuestra capacidad de amar, empatizar y conectar con los demás. Sin embargo, cuando se bloquea debido a diversos miedos y emociones negativas, podemos experimentar una serie de desafíos emocionales que afectan nuestra vida y relaciones que si no se liberan terminan somatizándose en una enfermedad. Algunos de estos miedos son:

—**El miedo a la soledad:** es una emoción profundamente arraigada que puede tener un impacto significativo en nuestras relaciones y en nuestra vida en general. Este temor suele originarse del miedo a ser abandonados o de la creencia de que no somos lo suficientemente amados o valorados. Estas inseguridades pueden hacer que evitemos formar relaciones profundas y significativas por miedo a enfrentar el dolor de la soledad.

Cuando el miedo a la soledad está presente, podemos encontrar refugio en el aislamiento, evitando conexiones auténticas con los demás, lo cual, aunque puede parecer una forma de protección, en realidad nos priva de la intimidad y del apoyo emocional que son fundamentales para el bienestar y la felicidad. En lugar de buscar relaciones profundas, podemos optar por establecer conexiones superficiales, relaciones que carecen de verdadero compromiso y que no nos aportan la satisfacción emocional que deseamos. Además, puede crear un ciclo de autoperpetuación, pues al evitar profundizar en las relaciones, nunca llegamos a experimentar plenamente el amor y la conexión, lo que a su vez refuerza la creencia de que la soledad es inevitable. Este ciclo puede ser difícil de romper y puede llevarnos a una sensación de desolación y desesperanza.

— **El miedo al compromiso:** es una barrera emocional común que puede impedirnos formar relaciones serias y duraderas. Este miedo puede manifestarse como una percepción de que el compromiso es una trampa o una pérdida de libertad, llevando a una evitación consciente o inconsciente de relaciones que requieran un compromiso genuino. A menudo, este temor surge de experiencias pasadas de decepción o traición. Cuando hemos sido heridos en el pasado, es natural querer protegernos de sufrir nuevamente. Este instinto de autoprotección, aunque comprensible, puede llevarnos a rechazar oportunidades de amor y conexión por miedo a repetir esos dolorosos episodios.

El compromiso también puede ser visto como una amenaza a nuestra independencia. La idea de compartir nuestra vida y nuestras decisiones con otra persona puede parecer una pérdida de autonomía. Sin embargo, es importante reconocer que el compromiso en una relación no significa perderse a uno mismo, sino más bien encontrar una forma de crecer junto a otra persona.

— **La incapacidad de protegerse emocionalmente:** puede generar un impacto significativo en nuestras relaciones y en nuestro bienestar emocional. Cuando sentimos que no podemos defender nuestro corazón, nos encontramos viviendo en un estado de alerta constante y desconfianza, lo cual puede llevarnos a cerrarnos emocionalmente y a evitar la vulnerabilidad, dos componentes esenciales para formar relaciones auténticas y significativas. Este estado de alerta perpetuo es una respuesta natural al miedo de ser heridos. La constante vigilancia emocional consume mucha energía y nos impide relajarnos y disfrutar plenamente de nuestras interacciones con los demás. Nos volvemos reacios a abrirnos y a compartir nuestras verdaderas emociones, lo que limita nuestra capacidad de conectar a un nivel más profundo.

La desconfianza surge de la incapacidad de manejar el dolor emocional, lo que limita nuestra capacidad de confiar en los demás y crea barreras en las relaciones. El miedo a la vulnerabilidad también impide conexiones emocionales profundas, esenciales para el bienestar. Ser vulnerable no es una debilidad, sino una muestra de fortaleza que permite construir relaciones significativas y humanas. Sin ella, las relaciones quedan en un nivel superficial, carentes de profundidad emocional.

— La debilidad y traición emocional: la vulnerabilidad ante las emociones de otros puede provocar un miedo intenso a ser heridos y traicionados, lo que impacta profundamente nuestras relaciones y nuestra capacidad para conectar emocionalmente con los demás. Este miedo a la debilidad emocional puede surgir de experiencias pasadas en las que nos hemos sentido traicionados o heridos por personas en las que confiábamos. Estas cicatrices emocionales nos hacen sentir expuestos y nos llevan a adoptar medidas defensivas para protegernos.

Para evitar el dolor, tendemos a construir muros emocionales, creyendo que de esta manera nos estamos protegiendo. Estos muros, aunque nos proporcionan una sensación temporal de seguridad, también nos aíslan y limitan nuestra capacidad de experimentar el verdadero amor y la conexión emocional. Nos volvemos reacios a abrirnos y a compartir nuestros sentimientos más profundos, lo que impide que nuestras relaciones alcancen una profundidad significativa.

El miedo a la traición también puede llevarnos a ser extremadamente cautelosos y desconfiados en nuestras interacciones con los demás. Esta desconfianza constante puede hacer que cuestionemos las intenciones de las personas a nuestro alrededor, dificultando la construcción de relaciones basadas en la confianza y el apoyo mutuo.

— **El odio, el rencor y la amargura:** son emociones profundamente destructivas que pueden bloquear el flujo energético del chacra del corazón; no solo obstaculizan nuestra capacidad para amar y empatizar, sino que también crean un ciclo de negatividad y aislamiento que es muy difícil de romper.

El odio surge a menudo como una respuesta intensa a una percepción de injusticia o traición, y puede consumirnos completamente, nublando nuestra capacidad de ver el bien en los demás.

El rencor, por otro lado, es una forma prolongada de enojo y resentimiento que, si no se maneja adecuadamente, puede arraigarse profundamente en nuestro ser, afectando nuestras interacciones y nuestra visión del mundo.

La amargura es el resultado de acumular estos sentimientos negativos sin procesarlos adecuadamente, lo que nos lleva a una actitud generalizada de pesimismo y desconfianza.

Estos sentimientos negativos actúan como barreras que impiden que la energía del amor y la compasión fluya libremente en nuestras vidas. Nos aíslan de los demás, nos mantienen atrapados en un ciclo de dolor y nos impiden experimentar la verdadera conexión emocional provocando enfermedades como hemos visto.

— **El dolor, la ira y el egocentrismo:** son emociones y actitudes que pueden dominar nuestra vida emocional y tener efectos devastadores en nuestro bienestar y en nuestras relaciones con los demás. El dolor no resuelto se refiere a heridas emocionales del pasado que no han sido adecuadamente procesadas o sanadas. Este tipo de dolor puede convertirse en una carga constante, afectando nuestra capacidad para disfrutar del presente y para proyectar un futuro positivo. Cuando no confrontamos ni resolvemos este dolor, puede manifestarse en formas de comportamiento destructivas, como el retraimiento, la desconfianza y la incapacidad de abrirnos emocionalmente a los demás. La acumulación de dolor no resuelto puede impedirnos crecer y avanzar en la vida, manteniéndonos atrapados en un ciclo de sufrimiento.

La ira es una emoción poderosa que, si no se maneja adecuadamente, puede dominar nuestra vida emocional y afectar negativamente nuestras relaciones. La ira no controlada puede llevar a comportamientos impulsivos y perjudiciales, tanto para nosotros mismos como para quienes nos rodean. Esta emoción puede nublar nuestro juicio y dificultar la comunicación efectiva, creando barreras en nuestras relaciones y aumentando el conflicto. Aprender a manejar y expresar la ira de manera saludable es crucial para mantener un equilibrio emocional y para cultivar relaciones armoniosas y significativas.

El egocentrismo, o la tendencia a centrarse únicamente en nuestras propias necesidades y deseos, puede separarnos de los demás y del verdadero amor. Este enfoque exclusivo en uno mismo nos impide ver y valorar las perspectivas y necesidades de los demás, lo que puede llevar a relaciones superficiales e insatisfactorias. El egocentrismo nos aísla emocionalmente, ya que impide la empatía y la conexión genuina con los demás. Para superar el egocentrismo, es esencial desarrollar la capacidad de empatizar y de considerar el bienestar de los demás como tan importante como el propio.

Si está bloqueado...

Cuando este centro emocional está bloqueado, podemos enfrentar una serie de desafíos emocionales y espirituales que afectan profundamente nuestra vida. Algunos de estos efectos son:

— Dificultades para amar: cuando este chacra está bloqueado, nuestra capacidad para amar incondicionalmente se ve gravemente afectada. Este bloqueo nos impide dar amor sin esperar nada a cambio, transformando el amor en una transacción en lugar de una entrega sincera y desinteresada. En lugar de sentir y expresar amor de forma libre y espontánea, nuestras interacciones amorosas pueden volverse calculadas y condicionadas por lo que esperamos recibir a cambio. Esta forma de amar transaccional crea una barrera en nuestras relaciones, impidiendo que se desarrollen de manera saludable y auténtica. Las relaciones condicionadas por expectativas son superficiales y frágiles, centradas más en recibir que en fortalecer el vínculo, lo que genera insatisfacción y desconexión emocional.

Un corazón bloqueado limita la capacidad de amar y aceptar incondicionalmente, generando inseguridad y miedo al rechazo, lo que dificulta la formación de conexiones profundas y auténticas.

— Desequilibrio y ausencia de propósito: este bloqueo energético nos desconecta emocionalmente tanto de nosotros mismos como del mundo que nos rodea, generando una sensación de desolación, soledad y profunda desconexión. Cuando no logramos establecer una conexión emocional sólida, nuestra existencia puede parecer vacía y carente de dirección. Este desequilibrio emocional nos lleva a cuestionar el sentido de nuestra vida y de nuestras experiencias. Sin una conexión significativa, nos resulta difícil encontrar trascendencia en lo que hacemos y en cómo nos relacionamos con los demás. Podemos sentirnos perdidos, como si estuviéramos simplemente pasando por la vida sin un propósito claro o una motivación verdadera.

La falta de propósito no solo afecta nuestra salud emocional, sino que también puede tener un impacto negativo en nuestro bienestar físico y mental. Nos puede llevar a una vida de rutina monótona y sin inspiración, donde las tareas diarias se convierten en una carga en lugar de una oportunidad para el crecimiento y la realización personal.

— Dificultad para establecer relaciones: establecer relaciones duraderas es un reto que requiere equilibrar la autonomía personal y el deseo de unidad con otra persona. Sin embargo, un bloqueo en el chacra del corazón puede dificultar esta capacidad, generando desconfianza y una resistencia a abrirse emocionalmente. Esto crea barreras que impiden la formación de vínculos sólidos, resultando en tensiones constantes en las relaciones.

El miedo a ser herido o traicionado puede generar una distancia emocional como mecanismo de protección, pero esta barrera impide experimentar conexiones auténticas y la plenitud del amor compartido.

La plenitud del corazón, basada en la apertura al amor y la aceptación de sus alegrías y desafíos, es clave para construir relaciones profundas y duraderas. Sin ella, los vínculos pueden ser superficiales y carentes de estabilidad emocional.

— Falta de capacidad para amar y ser amado: la capacidad para amar y ser amado requiere un nivel de vulnerabilidad y apertura que puede verse seriamente comprometido cuando este centro está bloqueado, el cual puede manifestarse como una incapacidad para ceder en favor del otro, lo cual es esencial para crear una verdadera conexión emocional. El amor puro exige aceptación y entrega incondicional, pero un bloqueo en el chacra del corazón genera miedo al rechazo, creando barreras emocionales que protegen del dolor pero limitan la capacidad de abrirse, ser vulnerable y construir conexiones profundas y genuinas.

Este bloqueo impacta nuestras relaciones, felicidad y bienestar, causando aislamiento, desolación y desconexión tanto con nosotros mismos como con los demás. Sin el libre flujo del amor, la vida puede sentirse vacía y sin propósito.

Superar los miedos y desbloquear la energía del chacra del corazón es un viaje de autodescubrimiento que requiere un compromiso constante con la autocomprensión, el amor propio y el respeto hacia uno mismo. Practicar el autocuidado, la autocompasión y la gratitud puede transformar estos miedos en oportunidades de crecimiento, fortaleciendo nuestra capacidad para amar y ser amados.

Trabajar en equilibrar el chacra del corazón puede mejorar significativamente tanto la salud física como emocional, promoviendo una vida más amorosa y compasiva, ya que, al desbloquearlo, se abre la puerta a una mayor conexión emocional, paz interior y relaciones más auténticas y significativas. Este cuarto centro emocional actúa, como hemos visto, como un puente entre los chacras inferiores, relacionados con las necesidades físicas y emocionales básicas, y los chacras superiores, relacionados con la conciencia espiritual y la autoexpresión. Mantenerlo equilibrado es crucial para lograr una armonía completa en el cuerpo y el espíritu. El proceso de sanación y equilibrio es un viaje hacia una vida más plena y armoniosa, donde el amor fluye libremente y en abundancia.

Para reducir estos miedos y aumentar la autoestima, es esencial cultivar el amor y el respeto hacia uno mismo. Los pasos que te recomiendo son:

1. Autocuidado: el autocuidado es fundamental para mantener un equilibrio saludable entre el cuerpo y la mente. Dedicar tiempo a actividades que nutran tu bienestar físico y mental puede incluir:

— Ejercicio: elige una actividad física regular, que abra el pecho y fortalezca el corazón como caminar, correr, practicar yoga o nadar, ejercicios cardiovasculares y prácticas de respiración profunda, todas ellas ayudan a reducir el estrés, mejoran el estado de ánimo y promueven una mejor salud general.

— Alimentación saludable: consumir una dieta equilibrada, que incluya una variedad de frutas, verduras, proteínas magras y granos, y rica en nutrientes con alimentos verdes como espinacas, brócoli, manzanas y té verdes, es esencial para proporcionar a tu cuerpo la energía y los nutrientes necesarios para funcionar de manera óptima.

— Descanso adecuado: dormir las horas necesarias y asegurarte de tener un sueño reparador es crucial para la regeneración del cuerpo y la mente. Crea una rutina de sueño consistente y un ambiente propicio para el descanso.

— Afirmaciones positivas: las afirmaciones positivas son herramientas poderosas para reprogramar la mente y superar creencias limitantes. Para maximizar su efecto, se recomienda repetirlas diariamente en voz alta, preferiblemente frente a un espejo, y escribirlas en un diario para reforzar su impacto. Visualizar situaciones de amor, compasión y perdón mientras se repiten ayuda a contrarrestar patrones negativos. Ejemplos como «soy digno de amor» o «me amo y me acepto tal y como soy» pueden mejorar significativamente la autoestima y el bienestar emocional con práctica constante.

— Aromaterapia: la aromaterapia utiliza aceites esenciales como rosa, lavanda y bergamota para promover la paz y el bienestar emocional. Se puede integrar en la rutina diaria mediante un difusor para crear un ambiente relajante, añadiendo aceites al baño para liberar sus propiedades terapéuticas, usándolos en masajes con un aceite portador para relajar músculos y nutrir la piel o inhalándolos desde un pañuelo para aliviar el estrés de forma rápida y efectiva.

2. **Autocompasión:** la autocompasión implica tratarte a ti mismo con la misma gentileza y comprensión que mostrarías a un amigo cercano. Esto incluye:

— Reconocer tus esfuerzos: valora tus propios logros y reconoce el esfuerzo que pones en tus tareas diarias. No seas demasiado crítico contigo mismo.

— Ser amable contigo mismo: practica el autohabla positivo y evita castigarte por errores o imperfecciones. Acepta que eres humano y que cometer errores es parte del crecimiento.

— Perdonarte: deja atrás el pasado y perdónate por los errores que hayas cometido. El perdón es una forma poderosa de liberarte de la carga emocional.

3. Gratitud: la gratitud es una práctica que puede transformar tu perspectiva y aumentar tu bienestar emocional. Para cultivarla:
- Mantén un diario de gratitud: escribe diariamente tres cosas por las que estás agradecido. Esto te ayudará a enfocarte en lo positivo y a apreciar las pequeñas cosas de la vida.
- Reflexiona sobre lo positivo: toma tiempo para reflexionar sobre las cualidades positivas que posees y las bendiciones en tu vida. La gratitud hacia uno mismo y hacia los demás puede fortalecer las relaciones y mejorar tu estado de ánimo.

4. Meditación y respiración consciente: la meditación y la respiración consciente son prácticas efectivas para equilibrar el chacra del corazón y promover un sentido de paz interior. Estas técnicas pueden incluir:
- Meditación guiada: utiliza aplicaciones o vídeos de meditación guiada que se enfoquen en el chacra del corazón. Visualiza una luz verde brillante en el centro de tu pecho que irradia amor y compasión.
- Respiración consciente: practica la respiración profunda, inhalando lenta y profundamente por la nariz, y exhalando suavemente por la boca. Este proceso ayuda a calmar la mente y a centrarte en el momento presente.

5. El camino hacia una vida equilibrada y armoniosa:
- Mensajes del corazón y el niño herido: es fundamental tener el valor de escuchar los mensajes de nuestras emociones y las directrices espirituales del corazón, especialmente aquellas relacionadas con nuestro niño herido. Este proceso nos ayuda a sanar y a crecer emocionalmente.
- Reconocimiento y comprensión del niño interno: reconocer y comprender los recuerdos dolorosos, las actitudes y aptitudes

negativas desde la infancia hasta el presente es un paso vital para la sanación. La imagen negativa que nuestro niño interno tiene de sí mismo puede causar disfunciones como anorexia, obesidad, adicciones, alcoholismo y temor obsesivo al pasado. Al comprender y aceptar estas partes de nosotros mismos, podemos comenzar el proceso de sanación.

— Practicar la compasión: la compasión, expresada a través del amor incondicional, la esperanza y la confianza, es esencial para sanar el corazón. La compasión nos permite vernos y ver a los demás con amabilidad y sin juicio, creando un espacio seguro para la curación.

— Trabajar en el perdón, tanto hacia nosotros mismos como hacia quienes nos han hecho daño, es liberador. La falta de perdón solo nos causa más sufrimiento, mientras que el perdón nos otorga serenidad y nos libera del dolor emocional. Practicar el perdón nos ayuda a dejar de lado la necesidad de entender por qué ocurrieron las cosas y nos permite avanzar con paz en nuestro corazón.

Implementar estas prácticas en tu rutina diaria puede ayudarte a fortalecer tu capacidad para amar y ser amado, disipando los miedos y bloqueos en tu chacra del corazón y promoviendo una vida más equilibrada y armoniosa.

Antes de practicar el ejercicio del perdón en este centro, quiero compartir contigo las experiencias de dos de mis pacientes. Sus historias quizás te brinden la motivación y la claridad necesarias para decidirte a dar este importante paso.

Uno de ellos, E., llegó a mí sintiéndose atrapado en un ciclo de resentimiento y amargura. Al comenzar a trabajar en el perdón, encontró que liberarse de estas emociones negativas le permitió reconectar con su paz interior y mejorar sus relaciones. Aunque el proceso no fue fácil, el alivio y la felicidad que sintió al final hicieron que valiera la pena cada esfuerzo.

Mirarme a los ojos, pedirme perdón y perdonarme, mirar a los ojos a otra persona, pedirle perdón y perdonarla, han conseguido aliviar mi alma y aligerar la carga que llevaba sobre mí.

Por otro lado, M. también luchaba con el dolor de experiencias pasadas. A través del ejercicio del perdón, pudo soltar el peso del pasado y abrirse a nuevas oportunidades con una mente y un corazón más ligero. Su transformación fue evidente no solo en cómo se sentía, sino también en cómo interactuaba con los demás, irradiando vida.

Anteriormente al ejercicio del perdón vivía con una rabia incontenible, era algo arrollador. Dormía mal, no conseguía centrarme en nada, cualquier cosa me hacía saltar, y en unas circunstancias, el malestar se convertía en algo profundamente físico.

Los beneficios de hacer el ejercicio fueron inmediatos. Recuerdo los primerísimos días; cuando terminé el ejercicio tuve la sensación de pesar menos kilos y al mismo tiempo de estar bien clavado al suelo, solidez. Quizás consecuencia de la clara percepción de haber quitado una energía, haberla hecho salir, ya no estaba conmigo...

A medida que pasa el tiempo el ejercicio se hace más sutil, porque ya no es cuestión de quitar una tonelada de basura, si no de limpiar los rinconcitos de tu ser, hay varios, y no se ven al principio, a menos que lo trabajes... (Fragmentos de «Mi Despertar» en *Caramba, soy humano!!!* de Esther Varas).

Si estas dudando, te animo a que consideres estas experiencias. Dar el paso hacia el perdón puede parecer difícil, pero los beneficios emocionales y espirituales son inmensos. Puedes encontrar una nueva sensación de libertad y serenidad que transformará no solo tu relación contigo mismo, sino también con los que te rodean.

¡Atrévete a dar este paso hacia la liberación y la paz! Estoy aquí para apoyarte en cada momento de tu viaje.

¡A practicar!

■ Pregúntate:

¿Tengo relaciones sanas?

¿Me amo a mí, a mis amigos, familiares y parejas?

¿Tengo un fuerte sentido de la compasión por todos los seres vivos?

¿Puedo aceptar a los demás como son, sin necesidad de que cambien, y sin condiciones?

¿Espero y busco lo mejor en las personas?

¿Soy bueno cooperando con otros?

¿Vivo en función de resultados?

■ Reflexiona sobre...

Identifica los recuerdos emocionales que todavía te duelen.

¿Qué relaciones de tu vida necesitan sanarse?

¿Utilizas tus heridas emocionales para dominar situaciones o a personas? Si es así, dibújalas.

¿Has sufrido chantaje emocional? ¿Cómo te sentiste?

¿Dejarías que eso volviera a suceder?

¿Qué pasos estás dispuesto a dar para impedir ser dominado de esa manera otra vez?

Identifica lo positivo que has aprendido de tus heridas.

¿Estás dispuesto a amarte, honrarte y respetarte? Busca situaciones que te gusten y recuerda lo bueno que hay en tu vida y en ti.

¿Qué te hace sentir bien?

¿Qué significa el perdón para ti?

¿A qué personas no quieres perdonar? ¿Por qué?

¿Crees que necesitas que te perdonen?

¿A quién necesitas perdonar?

¿Qué entiendes por una relación íntima?

¿Estás preparado para abrirte a una relación íntima y duradera?

¿Has seguido alguna vez el impulso de tu corazón? ¿Cómo te sentiste?

¿Te asusta abrirte a tu intuición?

En una relación de cualquier tipo, ¿pones límites a tu corazón?

Necesitas ahora apoyo emocional. ¿En qué situaciones?

¿Te resulta difícil recibir/aceptar amor de los demás?

¿Qué parte de ti se revela contra todo lo que conoces?

 ## ■ Medita... El perdón

Con los ojos cerrados, respira hondo varias veces. Imagínate que al espirar te desprendes de las tensiones y preocupaciones de tu cuerpo y de tu mente... y que, al inspirar, asimilas la energía que te rodea... Con cada respiración vas a profundizar más y más en tu estado de relajación. [Pausa de quince segundos para permitir que la respiración relaje el cuerpo].

Relaja los músculos de la cara y de la mandíbula. Libera toda la tensión y rigidez que sientas... Relaja los músculos del cuello y de los hombros, imagina que exhalas todo el peso que sientas o percibas. Relaja los brazos... los músculos de la espalda, tanto de la parte superior como la parte inferior... al exhalar libera toda la tensión y la rigidez que sientas. Relaja los músculos del estómago y del abdomen, siente como la respiración te ayuda a relajarte... Ahora céntrate en los músculos de las piernas, para que así todo tu cuerpo pase a un estado de paz profunda...

Utiliza los ruidos del exterior y las distracciones para profundizar aún más en ese nivel de serenidad.

Visualiza por encima de tu cabeza una luz que tiene la propiedad de sanar, elige el color, o los colores que a ti te ayuden a relajar para sanar tu cuerpo... Permite que la luz fluya por tu cuerpo... Desde la parte superior de la cabeza, observa cómo ilumina el cerebro y la médula espinal, va sanando esos tejidos y continúas... Deja que la luz siga fluyendo hacia abajo, como una onda luminosa que toca todas las células, todas las fibras y todos los órganos del cuerpo con paz, amor y poder curativo... En todos aquellos puntos en los que tu cuerpo necesite sanación, haz que la luz sea muy fuerte, muy potente... [Pausa de quince segundos].

Imagina que el resto de la luz fluye hasta llegar a tus pies, llenando tu cuerpo... Visualízala rodeándote como si estuvieras dentro de una burbuja que te protege, que sana tu piel y que te relaja cada vez más...

Voy a contar hacia atrás del veinte al uno, cada número te va a ayudar a profundizar más en tu estado de relajación al tiempo que visualizas como bajas unas escaleras que te llevan hasta tu corazón, con cada escalón vas profundizando más en tu nivel de relajación.

Veinte… diecinueve… dieciocho… te sientes cada vez más relajada y tranquila... Diecisiete... dieciséis… quince… tus piernas, tronco y extremidades están cada vez más y más relajados, catorce… trece... doce… con cada escalón que desciendes te sientes más profundamente relajado, más profundamente tranquilo… Diez… Nueve… Ocho... más y más relajado…. Siete... Seis... Cinco... más profundamente relajado, más profundamente tranquilo y relajado... Cuatro... Tres... Dos… Estás más y más calmado, sereno... uno… ya has llegado... estas veinte veces más profundamente relajado que antes…. llegas a la puerta de tu corazón y ordenas que se abra…

Estas en tu Teatro del Perdón, con butacas rojas de terciopelo, farolillos, un hermoso escenario, al fondo un escenario cubierto por un telón granate… respira… enfoca tu atención en el escenario, es de madera oscura, amplio… Respira… estás relajada… te sientes bien… Avanzas hacia la primera butaca de la primera fila… Y te sientas… Se apagan las luces y se abre el telón… respira… En el escenario hay una silla situada justo en el centro con focos que iluminan. Repite en voz alta: «la persona que necesito perdonar es...». (En voz alta, dices el nombre y apellidos de la persona que tienes que perdonar, puedes ser tú, tu padre, tu madre, pareja…) y la visualizas en el escenario sentándose en la silla que hay en el centro iluminada por un foco de luz… A continuación repites «te perdono por…». Concéntrate en lo primero que venga a tu mente, deja que los recuerdo fluyan… respira…

Expresa en voz alta ese sentimiento, pensamiento, percepción, etc. A continuación dices «te perdono, te libero y te dejo marchar»… Respira… con la intención de liberar de tu interior ese sentimiento, esta acción la repites tantas veces *como necesites hasta que te sientas más libre, más tranquila… Lo repites hasta que sientas que no tienes nada más que decir…*

Es hora de reconocer que no eres una santa o un santo, y bien consciente o inconscientemente también has hecho daño al otro y a ti mismo, ya sea con pensamientos, con acciones, con insultos… Visualiza a la misma persona sentada en el escenario, avanzas hacia él o ella y en el escenario de pie frente a la otra persona le dices «yo te pido perdón por…» y permites que todos los sentimientos o pensamientos que te surjan los liberes uno a uno y añades «ahora me perdono, me libero y me dejo marchar» con la intención de soltar de tu cuerpo ese sentimiento o emoción… respira… [Pausa de quince segundos]. Repítelo hasta que sientas que no te guardas ninguna emoción ni sentimiento negativo…

Cuando te sientas serena, y que ya no vienen a tu mente ni a tu corazón ningún pensamiento, situación o percepción, pasada o presente, le dices «te quiero y gracias por todo lo que me has enseñado»… respira…

Mientras respiras, observa y siente tu cuerpo… céntrate en tu corazón… siente como palpita, su amplitud, su sosiego… Pausa… Continúa repitiendo esta secuencia el tiempo necesario para liberar de tu corazón los sentimientos y recuerdos negativos.

Cuando termines, baja del escenario y avanza hacia la puerta del corazón… vas a despertar. A medida que voy contando de uno a veinte, irás despertándote progresivamente. Cuando llegue a veinte podrás abrir los ojos y te sentirás muy relajado, tranquilo, muy despierto y consciente. Uno… dos… tres… siente tus piernas despertando… Cuatro… cinco… seis… tus brazos despiertan… Siete… ocho… nueve… tu cuerpo despierta… Diez… once… permites que fluya por todo tu ser la sensación de paz… Doce… Trece… permítete sentir amor… Catorce… quince… dieciséis… te sientes cada vez mejor… Diecisiete… dieciocho… es como si sonara el despertador por la mañana, diecinueve… vas despertando… veinte… tras una respiración profunda y cuando estés preparado… despierta, abre los ojos.

Bienvenida.

Después de esta meditación, reflexiona y escribe los resultados en tu cuaderno de trabajo:

— ¿Qué es lo que me resulta tan difícil perdonar? ¿A quién? ¿Por qué?

— ¿Qué me supone perdonarle?

— ¿Qué me retiene para no perdonar a esa persona? ¿A qué me aferro: a una creencia, a un sentimiento?

— ¿Cuál es la creencia (pensamiento) que la sostiene?

— ¿Quiero de verdad, cambiar la antigua creencia? Por ejemplo: «no me merezco ser perdonada» por «me merezco lo mejor del mundo».

— ¿Hasta qué punto soy capaz de renunciar a mis antiguas creencias a cambio de la nueva sensación de libertad que me trae el perdón?

Sé que no es fácil, pero no es imposible. Créeme, en todos los años que llevo ayudando a las personas a liberar emociones, el ejercicio del perdón es uno de los más potentes y liberadores, aunque también es uno de los que presenta más resistencia para practicarlo a solas. Sin embargo, el beneficio de practicar el perdón siempre es para ti. Cuando te enfadas con alguien por algo que ha hecho y te causa daño, esa emoción se convierte en energía negativa que se adhiere a tu cuerpo. Esto puede afectar el flujo de energía saludable, provocando dolores y otras manifestaciones físicas.

Trabajar con el perdón permite liberar esa energía estancada, liberando una emoción negativa que generalmente está enquistada. El flujo de energía vuelve a ser constante y sin obstáculos, lo que a su vez facilita que la energía del cuerpo circule mejor. Esto te hace sentir más ligero, respirar con mayor facilidad y experimentar una sensación de alivio.

Recuerda que el perdón no significa justificar lo que sucedió, sino liberarte de la carga emocional que llevas. Practicar el perdón es un acto de amor propio que te permite recuperar tu paz interior y bienestar.

El perdón no es justificar el daño recibido, sino liberarnos del rencor que nos detiene. Es un proceso de sanación emocional que abre espacio para la alegría, la paz y la compasión, impulsando nuestro crecimiento personal al permitirnos soltar el pasado y vivir plenamente en el presente. De esta manera, el perdón se convierte en una herramienta poderosa para nuestro crecimiento personal y emocional. Nos brinda la oportunidad de dejar atrás el pasado, aprender de las experiencias y vivir en el presente con una perspectiva renovada.

Practicar el perdón es también una forma de autocuidado. Es un acto de amor propio que prioriza el bienestar emocional, permitiendo soltar el dolor y recuperar la tranquilidad. Al liberar el resentimiento, nos conectamos con nuestra esencia, abrazando una vida equilibrada, llena de paz, gratitud y plenitud.

Quinto centro emocional

*Vishuddha ejerce una gran influencia sobre nuestra voz propia
y la capacidad para comunicarnos con los demás*

El quinto centro emocional, también conocido como Vishuddha, es llamado el chacra de la devoción, ya que a través de él podemos conectarnos con la divinidad mediante el canto, la oración o el pensamiento dirigido hacia Dios. Este centro es considerado la puerta hacia la liberación, siendo el núcleo del sonido, la vibración y la autoexpresión. Esto incluye diversas formas de comunicación, como escuchar, hablar, cantar, escribir y todas las artes relacionadas con el sonido y la palabra.

Vishuddha abarca el ámbito de la conciencia que controla, crea, transmite y recibe comunicaciones, tanto con nuestra sabiduría interna como con los demás. Es el centro de la creatividad dinámica, vinculado con habilidades como la clariaudiencia y la telepatía. Cuando este chacra está equilibrado, podemos expresar nuestra verdad de manera clara y efectiva, manteniendo una comunicación abierta y auténtica con el mundo que nos rodea. Al cuidarlo, fomentamos una mayor conexión espiritual y facilitamos una autoexpresión saludable, lo que nos permite vivir de manera más auténtica y plena. Este equilibrio nos ayuda a desarrollar una comunicación efectiva, a escuchar activamente y a expresar nuestras ideas y sentimientos sin reservas.

Está relacionado con el poder de la elección, ya que está asociado a la comunicación y a la capacidad de hacerte responsable de tus necesidades, satisfacerlas y dejar de culpar a los demás por tus decisiones y por tus carencias vitales. El proceso creativo es inherente a la comunicación, la cual requiere estar en armonía con aquellos a quienes deseas transmitir tus ideas, pensamientos y sentimientos para influir en la realidad, desarrollando empatía con ellos.

Situado

Situado en la zona de la garganta, este centro energético es fundamental para la autoexpresión y la comunicación. Está estrechamente vinculado con:

El cuerpo físico:

— Boca, dientes y encías: estos componentes son esenciales para la nutrición y la digestión inicial. Un centro de la garganta equilibrado puede influir en la salud bucal, promoviendo buenos hábitos de alimentación y cuidado dental y de las encías.

— La voz y las cuerdas vocales: Vishuddha es el centro de la comunicación verbal. Si está saludable facilita una expresión clara, respetuosa y auténtica de nuestros pensamientos y emociones, mejorando nuestra capacidad para comunicarnos efectivamente con los demás.

— Las glándulas endocrinas, especialmente la tiroides y las paratiroides: estas glándulas juegan un papel crucial en la regulación del metabolismo y el equilibrio hormonal. Mantener este centro en armonía puede influir positivamente en el funcionamiento de estas glándulas, contribuyendo a una mejor salud metabólica y hormonal.

— Vértebras cervicales y cuello: la salud y flexibilidad del cuello también están vinculadas a su buen funcionamiento.

— El sistema respiratorio: la garganta es una vía principal para la respiración, facilitando el flujo de aire a los pulmones. Un chacra de la garganta equilibrado promueve una respiración profunda y regular, esencial para la oxigenación y el bienestar general.

La comunicación y autoexpresión. Desde una perspectiva psicológica, el chacra de la garganta es fundamental para nuestra capacidad de comunicarnos y expresarnos de manera auténtica. Si está equilibrado nos permite:
— Expresar nuestra verdad: sentirnos libres para decir lo que realmente pensamos y sentimos, sin miedo al juicio o a la desaprobación.
— Comunicación efectiva: articular nuestras ideas y emociones de manera clara y efectiva, facilitando una comunicación abierta y honesta con los demás.
— Creatividad: explorar y expresar nuestra creatividad a través de la palabra, ya sea hablada o escrita.

El sentido de la oportunidad. Este centro también está vinculado al sentido de la oportunidad, que es la capacidad de saber cómo y cuándo actuar para conseguir lo que realmente deseamos. Este centro de la garganta saludable nos ayuda a:
— Tomar decisiones: hacer elecciones acertadas en el momento adecuado, alineadas con nuestros deseos y metas.
— Adaptabilidad: ajustar nuestras acciones y palabras según las circunstancias, aprovechando las oportunidades de manera efectiva.

La voluntad y autonomía. El quinto centro emocional influye en nuestra voluntad y en cómo nos imponemos o nos doblegamos ante los demás. Un chacra equilibrado nos permite:
— Mantener integridad personal: expresar nuestras necesidades y deseos sin miedo ni agresividad, manteniendo nuestra autenticidad y respeto hacia nosotros mismos.

— Autoconfianza: sentirnos seguros y capaces de afirmar nuestros límites y opiniones, defendiendo lo que creemos y deseamos.

Su equilibrio

Es esencial para una comunicación clara y efectiva, así como para la expresión auténtica de nuestros pensamientos y emociones. Un chacra de la garganta equilibrado nos permite experimentar una sensación de armonía y bienestar en los siguientes aspectos de nuestra vida.

— Comunicación clara: cuando está equilibrado, puedes expresar tus pensamientos y emociones de manera clara y efectiva, sin miedo al juicio o la desaprobación. Esto te permite tener conversaciones abiertas y honestas con los demás, facilitando un entendimiento mutuo y reduciendo los malentendidos.

— Autoexpresión: te sientes libre para ser tú mismo, compartiendo tus ideas y sentimientos auténticos sin reservas. Esta libertad de expresión es vital para tu bienestar emocional y psicológico, ya que te permite vivir de manera auténtica y plena.

— Sentido de la oportunidad: sabes cómo y cuándo actuar para alcanzar tus metas y deseos, tomando decisiones acertadas en el momento adecuado. Este sentido de la oportunidad te permite aprovechar las oportunidades de manera efectiva, alineando tus acciones con tus objetivos.

— Voluntad y autonomía: mantienes tu integridad personal, afirmando tus límites y deseos de manera equilibrada, sin imponer ni doblegarte ante los demás. Esto te ayuda a mantener relaciones saludables y respetuosas, donde cada parte se siente valorada y comprendida.

— Creatividad: este centro energético potencia la creatividad y la autoexpresión. Quienes lo tienen equilibrado son capaces de canalizar su creatividad a través del arte, la escritura, la música y otras formas de comunicación.

— Escucha activa: la capacidad de escuchar activamente a la demás mejora, lo que fomenta relaciones más profundas y comprensivas.

Este equilibrio ofrece numerosos beneficios tanto a nivel físico y emocional como espiritual. Podemos experimentar mejoras significativas en varios aspectos de nuestra vida:

Beneficios físicos:

— Salud general mejorada: un flujo de energía equilibrado puede mejorar la salud de los órganos y sistemas del cuerpo. Cada chacra está asociado con diferentes partes del cuerpo y su equilibrio puede prevenir enfermedades y mejorar el bienestar físico.

— Aumento de energía: sentirás más vitalidad y energía, lo que te permitirá llevar a cabo tus actividades diarias con mayor entusiasmo y resistencia.

— Mejora del sistema inmunológico: un sistema energético equilibrado fortalece el sistema inmunológico, ayudando al cuerpo a combatir enfermedades y mantenerse saludable.

Beneficios emocionales:

— Estabilidad emocional: su equilibrio ayuda a gestionar mejor las emociones, reduciendo la ansiedad, el estrés y la depresión. Te sentirás más tranquilo y capaz de enfrentar los desafíos emocionales de manera efectiva.

— Autoestima y confianza: aumenta la confianza en uno mismo y mejora la autoestima, permitiéndote sentirte más seguro y capaz en tus decisiones y acciones.

— Relaciones saludables: mejorarás tu capacidad para comunicarte y relacionarte con los demás, lo que fortalecerá tus relaciones personales y profesionales.

Beneficios espirituales:

— Conexión espiritual: su equilibrio fomenta una mayor conexión espiritual y un sentido de propósito en la vida. Te sentirás más alineado con tu misión y valores personales.

— Paz interior: al equilibrarlo, experimentarás una mayor paz interior y un sentimiento de bienestar general. Esto incluye una sensación de armonía y equilibrio interno que te permitirá vivir de manera más plena y consciente.

— Desarrollo intuitivo: mejora tu intuición y la capacidad de escuchar tu voz interior, guiándote hacia decisiones más alineadas con tu verdadero ser.

Beneficios mentales:

— Claridad mental: un equilibrio en los chacras puede resultar en una mayor claridad y enfoque mental, facilitando la toma de decisiones y el desarrollo de soluciones creativas.

— Equilibrio mental: ayuda a equilibrar la mente, reduciendo la confusión y promoviendo una perspectiva más positiva y optimista de la vida.

Desequilibrio

Sin embargo, el desequilibrio del quinto centro emocional se produce por una acumulación de emociones no expresadas o reprimidas, como la tristeza, la ira o el miedo. Esto ocurre cuando evitamos comunicar nuestras necesidades, pensamientos y sentimientos por miedo al rechazo, juicio o confrontación. Este bloqueo emocional puede generar dificultades para expresarse, sentir inseguridad al hablar, e incluso causar problemas físicos como tensión en la garganta, ronquera o malestar en las áreas relacionadas. Además, el desequilibrio del quinto centro puede reflejar una desconexión con nuestra verdad personal.

Todo esto puede manifestarse de dos maneras, a través de deficiencia o exceso:

Deficiencia:

— Dificultad para expresarse: las personas pueden tener problemas para comunicar sus pensamientos y sentimientos, llevando a la frustración y la sensación de no ser escuchados.

— Timidez y miedo al juicio: la timidez excesiva y el miedo a la crítica pueden inhibir la autoexpresión, causando retraimiento y aislamiento.

— Bloqueo creativo: la falta de equilibrio puede resultar en una pérdida de inspiración y creatividad, dificultando la autoexpresión artística o literaria.

Exceso:

— Hiperactividad verbal: hablar en exceso sin escuchar a los demás, lo que puede llevar a problemas de comunicación y conflictos interpersonales.

— Dominación en conversaciones: una tendencia a dominar las conversaciones y no dar espacio a los demás para expresarse.

— Comunicación agresiva: expresarse de manera agresiva o con falta de empatía, lo que puede dañar las relaciones y causar malentendidos.

Además, puede tener efectos significativos en varios aspectos de nuestra vida, desde la salud física hasta el bienestar emocional y la *calidad de nuestras relaciones*. Aquí te explico cómo se manifiestan estos efectos:

— Dificultad para comunicarse: cuando el chacra de la garganta está bloqueado o desequilibrado, te resulta difícil expresar tus pensamientos y emociones de manera clara y efectiva. Esto puede llevar a malentendidos y frustraciones en tus relaciones personales y profesionales.

— Autoexpresión restringida: puedes sentirte incapaz de ser tú mismo, guardándote tus ideas y sentimientos por miedo al juicio o a la desaprobación de los demás. Esto puede generar una sensación de estancamiento y falta de autenticidad, afectando tu bienestar emocional.

— Falta de sentido de la oportunidad: este desequilibrio puede hacer que te sientas inseguro o indeciso sobre cuándo y cómo actuar para alcanzar tus metas. Esto puede llevar a la

procrastinación o a tomar decisiones poco acertadas, impidiendo tu progreso personal y profesional.
— Debilidad en la voluntad y la autonomía: puede ser difícil afirmar tus límites y deseos, lo que lleva a una tendencia a imponer o doblegarte ante los demás. Esto puede resultar en relaciones desequilibradas y una pérdida de integridad personal.

Aquí tienes algunos *efectos físicos* del desequilibrio:
— Problemas de salud bucal: la boca, dientes y encías pueden verse afectadas, presentando problemas recurrentes o inexplicables debido a la energía bloqueada en este chacra.
— Trastornos de la tiroides: la glándula tiroides, que regula el metabolismo, puede no funcionar correctamente, afectando el equilibrio hormonal y metabólico.
— Dolores de cuello y problemas cervicales: puede manifestarse físicamente en forma de dolor de cuello y problemas en las vértebras cervicales, causando molestias y rigidez.

El desequilibrio del chacra de la garganta puede tener un impacto significativo en el *bienestar emocional* de una persona. A continuación, se detallan algunos de los efectos emocionales más comunes:
— Falta de confianza: un chacra de la garganta desequilibrado puede erosionar la confianza en uno mismo y en la capacidad para comunicarse efectivamente. Esto se debe a que la autoexpresión se ve limitada, lo que puede generar inseguridad y una sensación de inadecuación. La persona puede dudar constantemente de sus habilidades para expresar sus pensamientos y sentimientos, lo que afecta negativamente su autoestima y autoconfianza.
— Estrés y ansiedad: la incapacidad para expresar lo que sientes y piensas puede generar altos niveles de estrés y ansiedad. Cuando las emociones no se liberan de manera adecuada, estas pueden acumularse y causar una sobrecarga emocional. Este estrés no solo afecta la salud mental, también puede manifestarse físicamente, somatizando esas emociones y causando

tensión y malestar general. La ansiedad puede surgir de la preocupación constante por no poder comunicar adecuadamente las propias necesidades y deseos.

— Relaciones conflictivas: la mala comunicación y la incapacidad para afirmar tus necesidades pueden causar conflictos y malentendidos en tus relaciones personales y profesionales. Sin una expresión clara y efectiva, es difícil que los demás comprendan tu perspectiva, lo que puede llevar a desacuerdos y rupturas en las relaciones. Además, la falta de autoexpresión puede llevar a la acumulación de resentimiento y frustración, empeorando las dinámicas interpersonales y reduciendo la calidad de las interacciones.

Este desequilibrio en el quinto centro emocional puede ser causado por varios factores, como, por ejemplo:

— Traumas de la infancia: experiencias traumáticas relacionadas con la comunicación, como ser ridiculizado por hablar.

— Falta de autoestima: una baja autoestima puede inhibir la capacidad de expresarse y de defender las propias ideas y necesidades.

— Estrés y ansiedad: el estrés y la ansiedad pueden bloquear el flujo de energía en la garganta, dificultando la comunicación y la autoexpresión.

Las enfermedades

Este centro está relacionado con varios órganos y partes del cuerpo esenciales para nuestra salud y bienestar. Los órganos asociados con este centro energético incluyen:

— Sistema respiratorio: abarca la nariz, boca, garganta y tráquea, que son vitales para la respiración y el intercambio de oxígeno.

— Piel: es el órgano más grande del cuerpo; también está conectada con este chacra, reflejando nuestra capacidad de comunicar y expresar lo que llevamos dentro.

— Hipotálamo: glándula situada en el cerebro que regula diversas funciones corporales, incluyendo el equilibrio hormonal.

— Esófago: parte del sistema digestivo que transporta los alimentos desde la boca hasta el estómago.

— Vértebras cervicales: los huesos que forman el cuello y sostienen la cabeza.

— Dientes y mandíbula: componentes clave para la alimentación y la expresión verbal.

— Tiroides y hormona paratiroidea: la glándula tiroides regula el metabolismo y la hormona paratiroidea influye en los niveles de calcio en el cuerpo.

El desequilibrio del chacra de la garganta puede manifestarse en una variedad de enfermedades y problemas de salud, tanto físicos como emocionales. Aquí tienes una descripción más detallada de estos efectos:

Relación con enfermedades físicas

— Problemas de garganta: dolores de garganta frecuentes, infecciones, laringitis y problemas de tiroides pueden ser comunes, indicando bloqueos en la autoexpresión.

— Problemas vocales: dificultad para hablar, ronquera crónica o incluso pérdida de la voz, reflejando miedos y bloqueos en la comunicación.

— Problemas respiratorios: condiciones como el asma y otros trastornos respiratorios relacionados con la garganta y las vías respiratorias superiores, simbolizando dificultades para «respirar» emociones y experiencias.

— Problemas en el cuello y hombros: tensiones, rigidez y dolores en el cuello y los hombros también pueden estar relacionados con un chacra de la garganta bloqueado, reflejando la carga emocional y la falta de flexibilidad en la autoexpresión.

Los problemas vistos anteriormente pueden desembocar en las siguientes enfermedades físicas:

Enfermedades físicas más comunes:

— Tos y alergias: la exposición a irritantes y alérgenos puede provocar reacciones en las vías respiratorias, manifestándose en forma de tos y alergias. Estos síntomas reflejan una incapacidad para «respirar» libremente, tanto en sentido literal como metafórico. A veces nuestra incapacidad o miedo a expresar un sentimiento o pensamiento se transforma en tos.

— Gripe y asma: estas enfermedades respiratorias pueden complicarse debido a un chacra de la garganta desequilibrado, afectando la capacidad respiratoria. La dificultad para respirar puede simbolizar el miedo a expresar nuestros verdaderos sentimientos. Mi paciente M. así lo expresó: «Sí, este nudo lo siento en la garganta: tomando aire lentamente por la nariz, soltándolo lentamente por la boca y diciendo: "acepto en mi corazón esa parte mía que tiene miedo a decir todo lo que siento y a pensar todo lo que siento". Igualmente, poco a poco y repitiendo esta pauta, ese nudo irá desapareciendo».

— Otitis: las infecciones del oído, como la otitis, pueden estar relacionadas con problemas en la garganta. Esto puede indicar una dificultad para escuchar tanto a los demás como a nosotros mismos.

— Laringitis y faringitis: la inflamación de la laringe y la faringe afecta la voz y la capacidad de deglución, reflejando problemas en la autoexpresión y en la capacidad de «tragar» experiencias emocionales difíciles.

— Psoriasis y dermatitis: condiciones de la piel que pueden ser exacerbadas por el estrés y la falta de expresión emocional, reflejando una necesidad de liberar emociones reprimidas. A veces transformamos nuestra piel en una coraza para que nadie se nos acerque o nos toque, pues nos resulta desagradable o temeroso.

— Trastornos de tiroides: incluyendo hipotiroidismo y bocio exoftálmico, que afectan el metabolismo y los niveles de energía, simbolizando desequilibrios en la comunicación y la autoexpresión.

— Bronquitis: la inflamación de los bronquios dificulta la respiración y puede ser una manifestación de desequilibrio en este chacra, reflejando problemas para liberar emociones y pensamientos atrapados.
— Llagas bucales: Lesiones dolorosas y recurrentes en la boca que pueden simbolizar palabras no dichas o emociones reprimidas.
— Enfermedad de los discos cervicales: problemas en las vértebras cervicales que causan dolor y rigidez en el cuello, indicando una falta de flexibilidad en la comunicación y la expresión personal.
— Problemas en la articulación temporomaxilar: dificultades en la mandíbula que afectan la masticación y el habla, reflejando tensiones y conflictos en la autoexpresión. La tensión en la mandíbula y problemas dentales pueden estar relacionados con la represión de la comunicación y el estrés acumulado. El rechinar de dientes (bruxismo) es un ejemplo común de cómo los miedos y tensiones psicológicas pueden manifestarse físicamente.
— Escoliosis: la curvatura anormal de la columna vertebral puede estar relacionada con tensiones en el área del cuello, simbolizando una incapacidad para mantener una postura «recta» en la vida.
— Afecciones en las encías: enfermedades periodontales que afectan la salud bucal, reflejando problemas de base en la autoexpresión y la comunicación.
— Inflamación en los ganglios: una respuesta del sistema inmunológico a infecciones o enfermedades, indicando una defensa emocional contra influencias externas.
— Trastornos tiroideos: problemas hormonales que afectan el equilibrio y el funcionamiento del cuerpo, reflejando desequilibrios en la autoexpresión y la comunicación.
— Tensión muscular en la zona del cuello y hombros: el estrés y la represión emocional pueden acumularse en la zona del cuello y los hombros, causando dolor y rigidez muscular. Esto es un reflejo físico del esfuerzo por contener y reprimir las emociones no expresadas.

Impacto en el bienestar emocional

— Dificultad para expresarse: problemas para comunicar pensamientos y sentimientos, lo que puede llevar a frustración y malentendidos, afectando la salud emocional y las relaciones interpersonales.

— Miedo a hablar en público: ansiedad social y miedo a expresar opiniones propias pueden estar relacionados con un desequilibrio en este chacra, afectando la confianza y la autoestima.

— Mentiras y falta de honestidad: incapacidad para ser sincero consigo mismo y con los demás, lo que puede generar conflictos internos y en las relaciones, erosionando la integridad personal.

— Aislamiento emocional: sentirse incomprendido o aislado debido a la falta de comunicación efectiva, afectando el sentido de conexión y pertenencia.

— Trastornos del sueño: los miedos y la ansiedad relacionados con el quinto chacra pueden afectar la calidad del sueño, causando insomnio o sueños perturbadores. La mente puede estar demasiado activa, impidiendo el descanso adecuado.

Es posible que en ciertas situaciones hayas sentido un nudo en la garganta y la sensación de que el aire no fluye. Esto ocurre a menudo cuando nos enfrentamos a situaciones desagradables en las que nos sentimos obligados a permanecer, y no nos permitimos expresar nuestros verdaderos pensamientos y sentimientos por miedo a las consecuencias. Este fenómeno es similar al proceso que hemos observado con el chacra anterior. Es importante recordar que es posible expresar nuestras ideas, aunque debemos encontrar la manera adecuada de hacerlo. Ten presente que aquí reside la energía de la elección, la valentía y la intuición. Quiero compartir contigo una reflexión de mi paciente A.:

Antes de ir a terapia, yo nunca había oído hablar de la somatización de una forma tan global, yo pensaba que las personas estresadas podían acabar teniendo una úlcera, pero no entendía hasta qué punto una persona puede mostrar sus sentimientos mediante una enfermedad física. Cuando Esther me dijo que yo estaba somatizando no me lo creí. Me explicó que mis frecuentes anginas se debían a mi miedo a crecer, de esta forma recibía toda la atención de mis padres, pues esos días estaban cuidándome como cuando era un bebé... También me dijo que había muchos sentimientos que me ahogaban hasta dejarme muda y era necesario soltarlos...

En resumen, el quinto centro emocional, o chacra de la garganta, se desequilibra cuando reprimimos nuestras emociones o evitamos expresar nuestras necesidades y verdades. Esto puede ser causado por miedo al rechazo, traumas relacionados con la comunicación o una falta de confianza al expresarse. Este bloqueo puede manifestarse emocionalmente como dificultad para comunicarse, inseguridad al hablar y una sensación de no ser escuchado. Físicamente, puede generar tensión en la garganta, ronquera o molestias en el cuello y hombros. Sanarlo implica fomentar la comunicación honesta y liberar emociones reprimidas mediante prácticas como meditación o canto.

Los miedos

Pueden tener un impacto significativo en nuestra vida diaria, suelen estar relacionados con diferentes aspectos de nuestra identidad y funcionamiento psicológico. Veamos cómo estos miedos específicos pueden manifestarse y cómo pueden influir en nuestra salud mental y emocional.

— No tener autoridad ni si quiera con uno mismo, ni con los juicios ni las críticas. Este miedo está relacionado con una falta de control interno y una autoconfianza debilitada. Las personas que experimentan este miedo suelen sentir que no tienen la capacidad de tomar decisiones firmes o mantener sus límites personales. Esta falta de autoridad interna puede llevar a una vida marcada por la inseguridad y la indecisión. Además, la constante preocupación por ser juzgado o criticado puede impedir el crecimiento personal y profesional.

— Miedo al juicio. Temor a ser juzgado o criticado por lo que decimos o cómo nos expresamos, lo que puede llevar a la autocensura y a la dificultad para compartir nuestros pensamientos y sentimientos.

— No tener poder de elección en tu grupo y en tus relaciones personales y profesionales. La falta de poder de elección se relaciona con sentir que no tenemos la capacidad de influir en nuestras relaciones personales y profesionales. Este miedo puede llevar a un estado de conformidad y sumisión, donde uno acepta pasivamente las decisiones de los demás, sintiéndose atrapado y sin autonomía. La incapacidad de tomar decisiones puede causar frustración y resentimiento, deteriorando la calidad de nuestras relaciones.

— Miedo al rechazo. El temor a no ser aceptado puede provocar aislamiento y retraimiento, afectando nuestra capacidad para formar y mantener relaciones saludables. Este miedo puede estar enraizado en experiencias pasadas de rechazo o críticas.

— Miedo a la crítica. La sensibilidad extrema a las opiniones negativas puede resultar en evitación de situaciones sociales y de comunicación, limitando nuestro crecimiento personal y profesional.

— Miedo a decir la verdad. Este miedo puede hacer que evitemos la confrontación y la honestidad, lo que a largo plazo puede afectar nuestra integridad y relaciones. Psicológicamente, puede generar un conflicto interno y una sensación de deshonestidad.

— Miedo a la vulnerabilidad. El temor a mostrarse vulnerable puede impedirnos expresar nuestras emociones y necesidades, llevando a una comunicación superficial y a una desconexión emocional con los demás.

— Miedo a no ser comprendido. La preocupación por no ser escuchado o entendido correctamente puede causar frustración y desconfianza, afectando nuestras interacciones y nuestra capacidad para comunicarnos de manera efectiva.

— Miedo a la responsabilidad. El temor a asumir la responsabilidad de nuestras propias necesidades y deseos puede llevar a la dependencia de la aprobación externa, impidiendo nuestro crecimiento y autonomía.

— Perder el control ante el dinero. El miedo a perder el control financiero puede generar una ansiedad constante. La preocupación por no tener suficiente dinero para cubrir las necesidades básicas y los objetivos a largo plazo puede llevar a un ciclo de estrés y preocupación. Esta ansiedad financiera puede afectar la salud mental, provocando insomnio, cambios de humor y una sensación general de inseguridad. Además, puede llevar a tomar decisiones financieras impulsivas o poco saludables.

— Perder el dominio de tus emociones. El miedo a perder el control de las emociones se manifiesta en la preocupación constante por no poder gestionar adecuadamente las reacciones emocionales. Las personas con este miedo pueden evitar situaciones que desencadenen emociones intensas, lo que puede llevar a una vida emocionalmente restringida y poco satisfactoria. Además, la represión de las emociones puede causar estrés, ansiedad y problemas de salud mental a largo plazo.

Solución

Para mantener el chacra de la garganta sano y equilibrado, es esencial encontrar un equilibrio en varios aspectos de la vida diaria. A continuación, se detalla cómo conseguirlo:

— Conseguir un equilibrio entre expresarte y escuchar a los demás. La comunicación efectiva no solo implica expresar tus pensamientos y sentimientos, sino también escuchar activamente a los demás. Este equilibrio es crucial para mantener relaciones saludables y significativas. Escuchar atentamente te permite entender las perspectivas y emociones de los demás, lo cual enriquece la interacción y fomenta el respeto mutuo. Al mismo tiempo, es importante ser capaz de expresar tus necesidades y deseos de manera clara y asertiva. La comunicación equilibrada genera confianza y fortalece las relaciones interpersonales.

— Entre satisfacer tus necesidades y esperar a que las cosas sucedan. El equilibrio entre tomar acción para satisfacer tus necesidades y ser paciente mientras las cosas se desarrollan es fundamental para tu bienestar emocional. Ser proactivo implica identificar tus necesidades y trabajar hacia tus objetivos con determinación. Sin embargo, también es importante reconocer que algunas cosas requieren tiempo y que no siempre se pueden controlar todos los aspectos de la vida. La paciencia y la aceptación del ritmo natural de los acontecimientos te ayudarán a reducir la ansiedad y a mantener una perspectiva equilibrada.

— Entre imponer tu voluntad o dejar que otros te impongan la suya. Mantener tu integridad personal mientras respetas los deseos y opiniones de los demás es esencial para un chacra de la garganta equilibrado. Imponer tu voluntad de manera autoritaria puede generar conflictos y resentimiento, mientras que permitir que otros te impongan la suya puede llevar a la sumisión y la pérdida de identidad. Encontrar un equilibrio implica afirmar tus límites y deseos de manera respetuosa y abierta, mientras permaneces abierto a las opiniones y necesidades de los demás. Este equilibrio fomenta relaciones basadas en el respeto mutuo y la colaboración.

Para mantener su equilibrio y asegurar un bienestar emocional y físico, es esencial que incorpores ciertas prácticas en tu vida diaria. Aquí te presento algunas estrategias que puedes adoptar:

— Prácticas de comunicación consciente. Trabaja en mejorar tus habilidades de comunicación mediante la práctica de la escucha activa y la expresión asertiva. Estas técnicas te ayudarán a asegurarte de que tus pensamientos y emociones sean comprendidos claramente por los demás. La comunicación consciente no solo mejora tus relaciones, sino que también fortalece tu autoexpresión.

— Terapia y asesoramiento. Buscar apoyo profesional puede ser de gran ayuda para identificar y sanar bloqueos emocionales que afectan tu capacidad de expresarte. La terapia cognitivo-conductual proporciona herramientas y estrategias efectivas para identificar y desafiar las creencias irracionales y miedos relacionados con la comunicación, así mejora tanto la comunicación como la autoexpresión, facilitando un mayor bienestar emocional.

— Ejercicios de voz y respiración. Practica técnicas como el canto, el uso de mantras y ejercicios de respiración profunda. Estas prácticas fortalecen tu voz y mejoran la respiración, facilitando la liberación de tensiones acumuladas en el área de la garganta. Además, promueven una mayor claridad y confianza en la expresión verbal.

— Mantras y afirmaciones. Repetir afirmaciones que fortalezcan la comunicación y la autoexpresión puede ser muy beneficioso, como, por ejemplo: «Me expreso con claridad y confianza». «Mi voz es fuerte y poderosa». «Escucho y comunico con amor y empatía». Y mi favorita: «Acepto en mi corazón esa parte mía que tiene miedo a comunicar lo que pienso y siento».

— Meditación y visualización. Medita enfocándote en el chacra de la garganta y visualiza una luz azul brillante que purifica y equilibra este centro de energía. La visualización es una técnica poderosa que puede ayudarte a abrir y sanar este chacra, promoviendo un flujo de energía más libre y armonioso. Las meditaciones que te propongo son: meditación el poder del decreto, meditación de crear ideas y meditación dar las gracias.

— Desarrollo de habilidades de comunicación. Practicar la comunicación asertiva y la escucha activa te ayudará a mejorar la expresión de pensamientos y sentimientos. Estas habilidades son fundamentales para mantener relaciones saludables y equilibradas.

— Técnicas de relajación. La meditación, la respiración profunda y el yoga pueden ayudar a reducir el estrés y la ansiedad, promoviendo un estado de calma y claridad mental. Estas prácticas te permitirán manejar mejor las tensiones emocionales y físicas.

— Terapias de sonido: escuchar música relajante, especialmente frecuencias *solfeggio* como 528 Hz, que se asocia con la reparación y el amor, puede ser beneficioso.

— Expresión creativa: participar en actividades artísticas como el canto, la escritura, la pintura o el teatro puede ser terapéutico y ayudar a liberar la autoexpresión reprimida.

— Establecimiento de límites saludables. Aprende a establecer y mantener límites claros en tus relaciones personales y profesionales. Afirmar tus límites de manera respetuosa te permitirá mantener tu integridad personal sin necesidad de imponer tu voluntad.

— Ejercicio físico. Realiza ejercicios de cuello y posturas de yoga que liberen la tensión en el área del cuello y los hombros, como la postura de la cobra. El ejercicio físico regular ayuda a mantener el cuerpo flexible y libre de tensiones.

— Aromaterapia. Usa aceites esenciales como la menta, el eucalipto y el árbol de té para abrir y calmar la garganta. La aromaterapia puede ser una herramienta útil para promover la relajación y la sanación.

— Alimentación. Consume alimentos azules como arándanos y moras, y bebe infusiones calmantes como el té de manzanilla o de menta. Estos alimentos y bebidas pueden apoyar la salud del chacra de la garganta.

Para vencer los miedos asociados con este centro emocional y mejorar la autoexpresión, es importante desarrollar varias habilidades y enfoques. Algunas estrategias que pueden ayudarte son:

— Desarrolla la fe en ti mismo. Tener fe en uno mismo es la base para superar cualquier miedo. Cree en tus habilidades y confía en que tienes la capacidad para enfrentar y superar tus desafíos. Practica afirmaciones positivas y reflexiona sobre tus logros y capacidades.

— Conoce tus limitaciones. Entender tus limitaciones no significa resignarse a ellas, sino reconocerlas para trabajar en superarlas. Acepta que es normal tener áreas de mejora y utiliza esta autoconciencia como un punto de partida para tu crecimiento personal.

— Desarrolla la capacidad para tomar decisiones. Tomar decisiones con confianza es crucial para superar el miedo al juicio y la crítica. Te recomiendo que practiques tomando decisiones pequeñas y cotidianas y, gradualmente, avanza hacia decisiones más importantes. Recuerda que no todas las decisiones tienen que ser perfectas; lo importante es aprender y crecer a través del proceso.

— Desarrolla la capacidad para elegir. Elegir implica hacer elecciones conscientes que reflejen tus valores y deseos. Reconozco que a veces es difícil decir «no», aunque es muy necesario para nuestra salud mental. Por ello te animo a que aprendas a decir no cuando sea necesario y a establecer límites saludables. Esto te ayudará a evitar la sobrecarga y a mantener el equilibrio emocional.

— Desarrolla la fuerza de voluntad. La fuerza de voluntad es la capacidad para seguir adelante incluso cuando nos enfrentamos a obstáculos. Practica la autodisciplina con el método japonés Kaizen, es decir, estableciendo metas pequeñas y alcanzables y trabajándolas constantemente. Reconoce tus progresos y utiliza estos logros para construir tu confianza.

— Crea y realiza tus sueños. Visualiza tus sueños y establece un plan para alcanzarlos. Si no tienes ninguno, te recomiendo un libro que te puede ayudar llamado *Cuaderno de Economía Emocional: Método Maquebo* cuya autora soy yo. Con este método aprenderás a dividir tus objetivos en pasos manejables y a trabajar en ellos diariamente. Con este método, descubrirás finalmente las causas que te han impedido alcanzarlos. La acción constante y dirigida te ayudará a vencer el miedo al fracaso y te acercará a tus metas.

— No juzgues, ni a ti ni a nadie. El juicio, ya sea hacia ti mismo o hacia los demás, puede bloquear tu capacidad para comunicarte y expresar tus verdaderas ideas y sentimientos. Practica la autoaceptación y la empatía, entendiendo que todos estamos en un viaje de crecimiento personal. Evita criticarte duramente y extiende esa misma gracia a los demás.

Para mantener el equilibrio en el chacra de la garganta (Vishuddha), es importante entender su conexión con otros chacras y cómo interactúan entre sí. Este centro actúa como un puente entre los chacras inferiores y superiores, facilitando el flujo de energía y la comunicación. Veámoslo:

Conexión con los chacras inferiores. Este centro facilita la expresión de las emociones y deseos provenientes de los chacras inferiores. Aquí se detalla cómo se relaciona con cada uno de ellos:
— Chacra raíz (Muladhara): está relacionado con nuestras necesidades básicas y nuestra seguridad. Un Vishuddha equilibrado permite que expresemos nuestras necesidades fundamentales y nuestros temores, ayudando a construir una base sólida de confianza y seguridad.
— Chacra sacro (Svadhisthana): se asocia con la creatividad y la sexualidad. La energía creativa generada en el Svadhisthana puede ser expresada a través del chacra de la garganta, permitiendo una autoexpresión auténtica y creativa. Esto incluye la expresión de nuestras pasiones y deseos de manera clara y efectiva.
— Chacra del plexo solar (Manipura): está vinculado con el poder personal y la autoestima. Un Vishuddha equilibrado permite que expresemos nuestra voluntad y confianza en nosotros mismos, comunicando nuestras intenciones y decisiones con firmeza y claridad.
— Conexión con los chacras superiores. El chacra de la garganta también ayuda a integrar la sabiduría y la intuición de los chacras superiores, permitiendo que estos conocimientos sean expresados en nuestra vida diaria:

— Chacra del tercer ojo (Ajna): está relacionado con la intuición, la percepción y la visión interna. Un Vishuddha equilibrado permite que las intuiciones y percepciones del tercer ojo se expresen de manera clara y coherente, ayudándonos a comunicar nuestras ideas y visiones internas de manera comprensible.

— Chacra de la corona (Sahasrara): este chacra se asocia con la conexión espiritual y la sabiduría universal. Un chacra de la garganta en equilibrio permite que la sabiduría y la inspiración divina recibidas a través del Sahasrara sean articuladas y compartidas, facilitando la comunicación de conceptos espirituales y filosóficos profundos.

¡A practicar!

■ Recapacita

— ¿Puedo expresarme con habilidad y facilidad?

— ¿Trabajo para estar saludable y feliz?

— ¿Asumo la responsabilidad de mi vida?

— ¿Espero que otros cuiden de mí?

— ¿Trato de hacer lo mejor posible siempre?

— ¿Me siento digno de ser recompensado por mis esfuerzos?

— ¿Tengo suficiente fe en mí mismo como para asumir riesgos y desafíos?

■ Reflexiona sobre...

— ¿Qué significa para ti tener fuerza de voluntad?

— ¿Quiénes son las personas de tu vida que tienen dominio sobre tu fuerza de voluntad? ¿Por qué?

— ¿Intentas dominar a otras personas? ¿A quién, por qué y para qué?

— ¿Te expresas con sinceridad cuando necesitas hacerlo? Si no es así, ¿por qué? ¿En qué situaciones? ¿Para qué?

— ¿Te dejas orientar? ¿Cuándo?

Identifica las elecciones negativas que has hecho en tu vida.

— ¿Pides orientación para tus planes personales o eres capaz de decir «haré lo que el cielo me ordene hacer»?

— ¿Qué significa perder tu fuerza de voluntad? Dibújalo.

— ¿Te resistes a cambiar las situaciones que deseas o necesitas? ¿Por qué? ¿Para qué?

— ¿Diferencias entre tu parloteo mental y el intuitivo?

— ¿Crees en ti? ¿Y crees en tu intuición?

— ¿Has tenido alguna vez la experiencia de hacerle una lectura intuitiva a otra persona sin querer hacerla?

— ¿Intuyes cuándo alguien te necesita? Describe cómo lo sientes.

— ¿Hay alguna elección que necesitas hacer en tu vida en este momento y que temes? Si la respuesta es sí, dibújala.

— ¿Sientes que manejas tu vida o dependes de las decisiones de los demás?

— ¿En qué situaciones no te atreves a decir lo que piensas? ¿A qué temes?

— ¿En qué situaciones no te atreves a decir lo que sientes? ¿De qué tienes miedo?

Después de reflexionar sobre las preguntas, anota tus respuestas en tu cuaderno de trabajo. Este es un paso importante hacia tu crecimiento personal y te permitirá ver tu progreso.

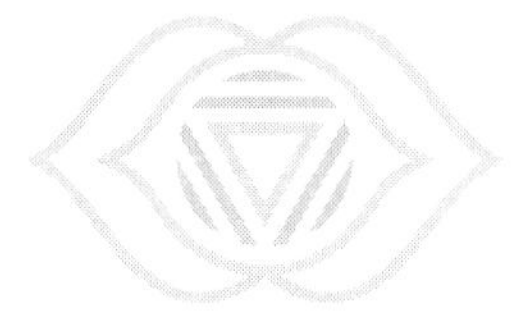

Sexto centro emocional

El centro de mando del cuerpo humano está representado por el cerebro y los órganos de los sentidos, fundamentales para la percepción y el pensamiento. A través de los ojos, oídos y nariz, así como del sistema neurológico y el sistema nervioso central, el cerebro recibe información del mundo exterior. Esta información se procesa para formar patrones de pensamiento que constituyen nuestra ética y moralidad. Este proceso es complejo y multifacético, influenciado por una variedad de factores. Entre estos factores se encuentran las experiencias pasadas, la cultura y el entorno social, las emociones y sentimientos, la educación y conocimientos, la biología y genética, las influencias del medioambiente, las interacciones interpersonales y los procesos cognitivos internos. Cada uno de estos elementos interactúa para formar nuestras creencias, valores y patrones de comportamiento, los cuales constituyen nuestra ética y moralidad.

Los órganos sensoriales son las puertas a través de las cuales percibimos nuestro entorno. Los ojos proporcionan visión, permitiendo observar y analizar visualmente nuestro entorno. Los oídos facilitan la audición, capturando sonidos que nos ayudan a interpretar el ambiente. La nariz nos da el sentido del olfato, crucial para detectar peligros y evocar recuerdos. Estas percepciones sensoriales, transmitidas al cerebro, no se interpretan en un vacío, sino que están profundamente influenciadas por nuestras experiencias previas, deseos, sentimientos y emociones. Cada nueva percepción se filtra a través de nuestras experiencias pasadas, que forman una base de conocimientos y asociaciones utilizadas para entender nuevas situaciones. Por ejemplo, una melodía específica puede evocarnos recuerdos de una ocasión particular, o el aroma de un plato puede transportarnos a la infancia. Nuestros deseos, sentimientos y emociones juegan un papel crucial en la interpretación de nuestras percepciones. Estos factores emocionales pueden colorear nuestra percepción del mundo, haciendo que ciertas experiencias se sientan más intensas o significativas. Esta mezcla de percepción sensorial y emocional crea una realidad única para cada individuo.

A través de la interpretación de estas percepciones, el cerebro forma patrones de pensamiento y comportamiento. Con el tiempo, estos patrones se consolidan, creando hábitos y respuestas automáticas a ciertos estímulos. Por ejemplo, una experiencia negativa con un tipo específico de comida puede llevarnos a evitarla en el futuro. Estos patrones no solo afectan nuestro comportamiento diario, sino que también constituyen nuestra ética y moralidad personal. Las creencias y valores que adoptamos son en gran medida el resultado de cómo hemos interpretado nuestras experiencias a lo largo de la vida, lo que nos han enseñado y lo que hemos aprendido. Por ejemplo, alguien que ha aprendido a valorar la honestidad a través de sus experiencias es probable que actúe de manera honesta y espere lo mismo de los demás.

Desde un punto de vista espiritual, el centro de mando, representado por el cerebro y los órganos sensoriales, no solo nos conecta con el mundo exterior, sino también con nuestra esencia interna. La interpretación de las percepciones y la formación de patrones de pensamiento reflejan nuestro crecimiento espiritual y personal. Para desarrollar una mayor conciencia, es vital reconocer cómo nuestras percepciones están influenciadas por nuestros pensamientos y emociones. A través de prácticas como la meditación y la atención plena (*mindfulness*), podemos aprender a observar nuestras percepciones sin juzgarlas, permitiendo una comprensión más clara y objetiva de la realidad.

La transformación personal implica reexaminar y, si es necesario, reprogramar los patrones de pensamiento y comportamiento que hemos desarrollado. Este proceso puede ser facilitado por la autoconciencia y el trabajo introspectivo, permitiéndonos alinearnos más estrechamente con nuestros valores espirituales y éticos. Al reconocer la influencia de estos factores y trabajar en el desarrollo de la conciencia y la transformación personal, podemos vivir de manera más alineada con nuestros valores y crecer tanto psicológica como espiritualmente.

Situado

El sexto centro emocional, conocido como el chacra del tercer ojo, o Ajna en sánscrito, se localiza en la frente, justo entre las cejas. Este chacra es un centro de energía fundamental en nuestro sistema, asociado con cualidades y capacidades que trascienden los sentidos físicos, como la intuición, percepción, imaginación y claridad mental. Nos conduce a la sabiduría a través de las experiencias de la vida, decisiones, voluntad y acciones, permitiéndonos adquirir objetividad mediante la percepción.

Algunas de las capacidades que podemos desarrollar son:
— Sabiduría y objetividad. En este centro nace nuestra manera de ver e interpretar el mundo. Nos ayuda a desarrollar claridad, sabiduría, racionalidad, flexibilidad, y la capacidad de juzgar y actuar. A través de Ajna, podemos determinar nuestro grado de salud o enfermedad, orientándonos hacia un entendimiento más profundo y objetivo de nuestras circunstancias.
— Intuición y percepción extrasensorial. El tercer ojo es el epicentro de la intuición y la percepción extrasensorial. Nos permite ver más allá de lo evidente y percibir las verdades más

profundas de la existencia. La intuición, a menudo descrita como un «sexto sentido», es la capacidad de comprender o conocer algo sin necesidad de un razonamiento consciente. Un Ajna equilibrado nos permite confiar en nuestra intuición y tomar decisiones basadas en una percepción más profunda de la realidad.

— Imaginación y creatividad. Este centro es también fundamental para la imaginación y la creatividad. La imaginación nos permite visualizar nuevas ideas y conceptos, siendo la base de la creatividad en todas sus formas. Un tercer ojo activo y equilibrado fomenta la capacidad de soñar despierto, visualizar metas y manifestar deseos a través de una visión clara y creativa. La creatividad fluye cuando estamos conectados con este centro, permitiendo que las ideas innovadoras y las soluciones creativas surjan con facilidad.

— Claridad mental y discernimiento. Ajna es el asiento de la claridad mental y el discernimiento. Veremos que cuando está en equilibrio, experimentamos una mente clara y enfocada, capaz de cortar a través del ruido y la confusión para ver la verdad de cualquier situación. La claridad mental nos permite tomar decisiones informadas, analizar situaciones con precisión y mantener una perspectiva equilibrada. Un tercer ojo saludable facilita un estado de conciencia donde la mente es tranquila y serena, incluso en medio del caos.

— Visión interna y meditación. El tercer ojo es crucial para la visión interna y la práctica de la meditación. Meditar enfocándose en él, puede abrir la puerta a niveles más profundos de autoconocimiento y comprensión espiritual. La práctica regular de la meditación con Ajna como foco puede llevar a experiencias de iluminación y una mayor conexión con el yo superior. Esta visión interna es esencial para el crecimiento espiritual y el desarrollo personal.

El equilibrio del sexto centro emocional es fundamental para una visión clara y positiva de la realidad, una imaginación vibrante y una conexión profunda con nuestra espiritualidad. Al adoptar prácticas que fomenten este equilibrio, podemos mejorar nuestra claridad mental, nuestra creatividad y nuestra capacidad para tomar decisiones. Esto nos permite vivir de manera más armoniosa y alineada con nuestras verdades internas.

Desde una perspectiva psíquica, este centro está asociado con la lógica, la profunda comprensión de la realidad, la imaginación, la inspiración y la concentración. Cuando está en armonía, se convierte en un vínculo con la creatividad y el arte en todas sus formas, actuando como un catalizador para la búsqueda espiritual y permitiendo una conexión más profunda con el yo interior y el universo. La capacidad de visualizar y manifestar ideas, así como de mantener la concentración en tareas importantes, se ve enormemente potenciada cuando está equilibrado. También nos permite ver el mundo con claridad y objetividad. La combinación de intuición y lógica nos permite percibir la realidad con mayor precisión y profundidad, lo cual es crucial para tomar decisiones informadas y acertadas. Esta visión clara facilita una comprensión holística de las situaciones, integrando tanto la intuición como la razón. Además, la imaginación y la inspiración fluyen sin obstáculos, alimentando la creatividad y fomentando la innovación. Las personas con un tercer ojo equilibrado suelen encontrar soluciones creativas a los problemas y pueden visualizar sus metas con claridad, lo que les ayuda a manifestar sus deseos con mayor efectividad.

Por otro lado, cuando está *desequilibrado*, la claridad mental y la percepción objetiva pueden verse seriamente afectadas. Los conceptos mentales pueden volverse confusos, y las percepciones de la realidad tienden a ser negativas. Este desequilibrio puede hacer que una persona proyecte sus percepciones negativas hacia el mundo exterior, creando una realidad distorsionada y cargada de pesimismo.

La capacidad de discernimiento se ve comprometida, dificultando la diferenciación entre lo que es real y lo que es imaginado o temido. Esto puede llevar a tomar decisiones basadas en miedos infundados, en lugar de en un análisis lógico y racional.

En la vida cotidiana, un desequilibrio en este centro de energía puede manifestarse de diversas maneras, afectando tanto nuestra mente como nuestro espíritu. Podrías experimentar dificultades para concentrarte, una notable falta de inspiración y creatividad, o una visión del mundo empañada por dudas y negatividad. Pesadillas, alucinaciones, una obsesión por lo espiritual y desconexión de la realidad también son señales de desequilibrio. Estas experiencias pueden hacer que te sientas perdido o desorientado, impactando tu vida personal y profesional. Las decisiones tomadas desde un estado de confusión y temor pueden llevar a consecuencias no deseadas y a un ciclo de comportamientos poco saludables. Pero recuerda, ¡tienes el poder de cambiar esto! Adoptar prácticas que fomenten el equilibrio puede transformar tu vida.

Las enfermedades

Tal y como te he comentado, cuando este centro está en equilibrio, promueve una visión clara y una profunda comprensión de la realidad. Sin embargo, su desequilibrio puede llevar a una serie de enfermedades físicas y emocionales que impactan significativamente nuestra vida. Vamos a desglosarlo de manera sencilla.

Enfermedades físicas

El desequilibrio de este centro puede manifestarse en diversas formas físicas, incluyendo:

— Dolores de cabeza y migrañas. La tensión acumulada por un Ajna desequilibrado puede desencadenar dolores de cabeza frecuentes y migrañas severas. En casos más graves, se pueden experimentar problemas más serios como tumores cerebrales o hemorragias.

— Problemas de visión. Las dificultades visuales, como visión borrosa o problemas oculares, pueden indicar un desajuste en este chacra, incluida la ceguera.

— Problemas neurológicos. Trastornos neurológicos como epilepsia, mareos, vértigo y la enfermedad de Parkinson también pueden estar conectados a un desequilibrio en este centro emocional.

— Problemas de sueño. El insomnio, las pesadillas y otros trastornos del sueño pueden señalar que este chacra necesita un ajuste, interfiriendo con el descanso y la recuperación del cuerpo.

Enfermedades emocionales

El desequilibrio en Ajna no solo afecta al cuerpo, sino también a la mente y las emociones:

— Confusión y dificultad para concentrarse. Es común experimentar confusión y dificultad para concentrarse. La mente puede sentirse nublada, lo que dificulta la toma de decisiones y la capacidad de enfocarse en tareas importantes. Esta falta de claridad mental puede hacer que las actividades diarias se sientan abrumadoras y difíciles de manejar.

— Falta de intuición. Sentirse desconectado de la intuición y la percepción intuitiva puede ser frustrante y desorientador, afectando la toma de decisiones. Sin esta conexión, puedes dudar de tus instintos y tener dificultades para confiar en tus juicios, lo que afecta negativamente tu capacidad para navegar por situaciones complejas.

— Ansiedad y estrés. El estrés mental y la ansiedad pueden intensificarse cuando Ajna no está en equilibrio. Esta desarmonía puede generar una sensación constante de estar abrumado, con pensamientos persistentes y preocupaciones que dificultan la relajación. La ansiedad resultante puede interferir con el sueño, las relaciones personales y la productividad en el trabajo.

— Alucinaciones y problemas mentales. En casos extremos, un desequilibrio en este centro puede llevar a alucinaciones y otros problemas de salud mental. Las personas pueden experimentar paranoia, confusión mental y una percepción distorsionada de la realidad. Estas manifestaciones graves indican una necesidad urgente de reequilibrar este chacra para restaurar la estabilidad mental y emocional.

Resumiendo, el desequilibrio del sexto centro emocional, conocido como chacra del tercer ojo, afecta la claridad mental, la intuición y la conexión espiritual. Esto puede surgir por estrés, pensamientos negativos o desconexión con nuestra sabiduría interna, manifestándose en confusión, indecisión y falta de enfoque. También puede impactar físicamente, provocando dolores de cabeza o insomnio. Sanarlo requiere prácticas como la meditación, la visualización y el autoconocimiento para recuperar una mente clara y abierta, fortalecer la intuición y mejorar la conexión con nuestro propósito espiritual.

Los miedos

Cuando este centro energético está desequilibrado, pueden manifestarse varios miedos que afectan profundamente nuestra salud emocional y mental. Vamos a explorar estos miedos desde un enfoque psicológico más detallado.

— Resistencia a mirar en el interior y desterrar los propios miedos. La resistencia a mirar en nuestro interior es un miedo común asociado con el desequilibrio de Ajna. Este miedo se manifiesta como una evitación de la autoexploración y la introspección, lo que impide enfrentar nuestras propias inseguridades y temores. Psicológicamente, esta resistencia puede llevar a una vida dominada por la evasión, donde el miedo al autoconocimiento frena nuestro crecimiento personal. Es un mecanismo de defensa que nos protege de enfrentar verdades incómodas, pero también nos limita al mantenernos en una zona de confort superficial.

— En las sesiones de terapia, he observado frecuentemente el miedo a la autoaceptación a través del ejercicio del espejo. Este ejercicio consiste en mirarse a los ojos y repetir afirmaciones como «me acepto y me aprecio tal y como soy». Para muchas personas, esto parece una misión imposible. Al comenzar la práctica, es común que los individuos eviten el contacto visual directo. Muchas veces, desvían la mirada, lloran o se colocan en un ángulo del espejo para no verse fijamente. Estas reacciones son indicativas del profundo miedo y resistencia a enfrentarse a sí mismos. Desde una perspectiva psicológica, estas reacciones reflejan una falta de autoaceptación y un temor a confrontar aspectos de uno mismo que se consideran inadecuados o defectuosos. La dificultad para mantener el contacto visual con uno mismo puede ser una manifestación de la autocrítica interna y la baja autoestima.

— Miedo a la verdad. El miedo a la verdad está profundamente arraigado en el temor a descubrir aspectos de nuestra realidad que pueden ser dolorosos o difíciles de aceptar. Este miedo puede ser paralizante y nos lleva a vivir en una especie de negación, donde evitamos confrontar situaciones que requieren cambios o soluciones. Este miedo impide la autocomprensión y la autoaceptación, dos pilares fundamentales para el bienestar emocional y mental. La verdad, aunque dolorosa en ocasiones, es necesaria para el crecimiento y la liberación emocional. En la consulta es frecuente observar cómo los pacientes recurren al autoengaño con la esperanza de obtener algún tipo de aprobación, ya sea de ellos mismos o de los demás.

— Miedo al juicio sensato. El temor al juicio sensato implica el miedo a ser evaluados de manera objetiva tanto por nosotros mismos como por los demás. Este miedo puede llevar a evitar la autoevaluación y rechazar críticas constructivas. Psicológicamente, el juicio sensato es crucial para el desarrollo personal, ya que nos permite reconocer nuestros errores y aprender de ellos. Sin embargo, el miedo a este tipo de evaluación puede resultar en una falta de automejora y crecimiento, manteniéndonos en un estado de estancamiento y autocomplacencia.

— Miedo a depender del consejo exterior. Aunque la independencia es una cualidad valiosa, el miedo a depender del consejo exterior puede ser perjudicial. Este temor nos hace rechazar la ayuda y orientación de otros, cerrándonos a perspectivas y sabiduría valiosas que podrían beneficiarnos. Este miedo puede estar ligado a la desconfianza y la inseguridad, impidiéndonos aceptar apoyo y aprender de las experiencias de los demás. Un equilibrio saludable implica saber cuándo recibir consejo sin perder nuestra autonomía.

— Miedo a la disciplina. La disciplina es esencial para alcanzar nuestras metas y mantener un enfoque claro, pero el miedo a la disciplina puede resultar en la procrastinación y la evitación de responsabilidades. Este miedo puede estar relacionado con la percepción de la disciplina como una restricción en lugar de una herramienta para el logro. Psicológicamente, la falta de disciplina puede llevar a sentimientos de ineptitud y fracaso, afectando negativamente nuestra autoestima y motivación. Superar este miedo implica redefinir la disciplina como un medio para alcanzar la autodeterminación y el éxito.

— Miedo a lo desconocido. El miedo a lo desconocido es un temor universal que puede paralizarnos y evitar que tomemos riesgos necesarios para nuestro crecimiento. Este miedo puede manifestarse como aversión al cambio y una preferencia por la seguridad de la zona de confort. Este miedo nos impide explorar nuevas oportunidades y expandir nuestros horizontes. Enfrentar lo desconocido con coraje es esencial para el desarrollo personal y la exploración de nuevas posibilidades en la vida.

— Miedo al rechazo. La preocupación por no ser aceptado puede tener raíces en experiencias de rechazo temprano o traumas relacionales. Este miedo puede llevar al aislamiento social y a comportamientos de complacencia excesiva para ganar la aceptación de los demás, afectando nuestra autenticidad y bienestar emocional.

— Miedo a la crítica. La sensibilidad extrema a las opiniones negativas puede estar relacionada con una autopercepción negativa y una falta de confianza en uno mismo. Este miedo puede limitar nuestro crecimiento personal y profesional, ya que evitamos situaciones que podrían exponer nuestras vulnerabilidades.

— Miedo a la vulnerabilidad. El miedo a mostrarnos vulnerables puede estar ligado a la inseguridad y a experiencias de traición o rechazo. Este temor nos impide expresar nuestras emociones y necesidades, resultando en una comunicación superficial y relaciones insatisfactorias.

— Miedo a no ser comprendido. La preocupación de no ser escuchado o comprendido puede generar frustración y sentimientos de soledad. Este miedo puede afectar nuestra capacidad de formar conexiones profundas y significativas, impidiendo una comunicación efectiva.

— Miedo a la responsabilidad. El temor a asumir la responsabilidad de nuestras propias necesidades y deseos puede estar relacionado con la dependencia emocional y la falta de confianza en nuestras capacidades. Este miedo puede llevar a buscar constantemente la aprobación y dirección de los demás, limitando nuestra autonomía y crecimiento personal.

Solución

Para superar los miedos asociados con el sexto centro emocional, es importante adoptar una serie de estrategias que promuevan el equilibrio y fortalezcan nuestra salud emocional y mental. Aquí tienes algunas recomendaciones prácticas para ayudarte en este viaje de autodescubrimiento.

— Desarrolla tus capacidades y habilidades intelectuales. Trabaja en fortalecer tus capacidades intelectuales a través del estudio, la lectura y el aprendizaje continuo. Mantén tu mente activa y estimulada, siempre buscando expandir tu conocimiento y comprensión del mundo que te rodea.

— Evalúa tus percepciones. Tómate el tiempo para reflexionar sobre cómo percibes las situaciones y personas en tu vida. Pregúntate si tus percepciones están basadas en hechos o en prejuicios y suposiciones. Evaluar tus percepciones te ayudará a ver las cosas con mayor claridad y objetividad.

— Sé receptivo a la inspiración y las ideas de los demás. Mantén una actitud abierta y receptiva a las ideas y perspectivas de los demás. La inspiración puede venir de cualquier parte, y estar dispuesto a escuchar puede enriquecer tu propia visión y creatividad. No temas absorber la sabiduría de quienes te rodean.

— Sé creativo y desarrolla tu razonamiento intuitivo. Dedica tiempo a actividades que estimulen tu creatividad, como la pintura, la escritura, la música o cualquier otra forma de arte. Permítete soñar y visualizar nuevas posibilidades. Fomentar tu razonamiento intuitivo te permitirá tomar decisiones más acertadas y alineadas con tu ser interior.

— Potencia la inteligencia emocional. Trabaja en mejorar tu inteligencia emocional, que es la capacidad de reconocer, comprender y manejar tus propias emociones, así como las de los demás. Esto te ayudará a mantener un equilibrio emocional y a responder de manera más efectiva a las situaciones desafiantes.

— Autoevalúate de forma continua. Realiza evaluaciones periódicas de tus pensamientos, emociones y comportamientos. Asegúrate de que están en armonía con tus valores y sentimientos. La autoevaluación continua te permitirá mantener una mente y un corazón en sintonía, promoviendo una mayor paz interior.

— Fomenta una buena opinión de ti mismo. Cultiva una autoestima saludable reconociendo y celebrando tus logros y cualidades positivas. Recuérdate a diario que eres valioso y merecedor de amor y respeto. Una buena opinión de ti mismo es fundamental para tu bienestar emocional.

— Desarrolla la capacidad de aprender de la experiencia. Cada experiencia, ya sea positiva o negativa, nos ofrece una oportunidad de aprendizaje. Pregúntate siempre: «¿Qué he aprendido de esta situación?». Reflexionar sobre tus experiencias te ayudará a crecer y evolucionar constantemente. Siempre recomiendo tener un cuaderno de trabajo para transcribir estas prácticas, reflexiones y demás, de esta forma puedes ver tu evolución.

— Identifica y sustituye los pensamientos negativos. Identifica los pensamientos basura, negativos o recurrentes que afectan tu bienestar. Sustitúyelos por pensamientos positivos y constructivos. Practicar la atención plena (*mindfulness*) puede ayudarte a mantener una mente más clara y positiva.

— Toma conciencia del «ahora». Enfócate en el presente y vive el momento con plena conciencia. Deja de lado las preocupaciones sobre el pasado o el futuro y céntrate en lo que puedes hacer hoy para mejorar tu vida. La práctica del *mindfulness* puede ser una herramienta valiosa en este proceso. Por este motivo, a mis pacientes les recomiendo hacerse la siguiente pregunta al levantarse: «¿Qué puedo hacer hoy por mí para sentirme bien?». ¿Te animas a probar?

— Revisa y actualiza tus creencias. Examina tus creencias y reglas internas. Si descubres que alguna de ellas ya no te sirve o no está alineada con tus valores actuales, no dudes en cambiarlas. Recuerdo que una de mis creencias heredadas de mis mayores, era «los hombres no lloran» y cuando veía a algún amigo llorar, se lo repetía. Afortunadamente, los tiempos han cambiado y la sociedad, paso a paso, se va haciendo más flexible, aunque queda mucho camino por recorrer. Ahora, cuando veo a algún hombre llorar, le animo a que lo haga, pues así ese sentimiento se manifiesta y sale de su cuerpo, impidiendo una futura somatización. A partir de ese momento, realicé una revisión personal de todas mis creencias y valores. Mereció la pena. Permítete evolucionar y adaptarte a medida que creces y aprendes.

Hemos visto que mantener este sexto centro emocional equilibrado es fundamental para una percepción clara, una intuición afinada y una mente en paz. Al integrar estas técnicas en tu rutina diaria, puedes vivir de manera más armoniosa y alineada con tu verdadero ser, enfrentando la vida con mayor confianza y claridad. ¡Empieza hoy y siente la diferencia en tu bienestar mental y espiritual!

Aquí tienes algunas técnicas efectivas y motivadoras para mantenerlo en armonía:

— Meditación y *mindfulness*. Practicar la meditación centrada en el área del tercer ojo es una excelente manera de equilibrar Ajna. Visualiza una luz índigo brillante en tu frente mientras meditas, permitiendo que esta luz te llene de claridad y percepción profunda. La meditación que te recomiendo es: meditación de recuperar la tranquilidad. Recuerdo cuando empecé mi practica para equilibrarlo. Después de un tiempo considerable empecé a notar un cosquilleo en la frente cuando enfocaba mi atención en él. Los días que seguían a esta meditación, tenía la sensación de que veía todo mas claro. Al principio pensé que eran sensaciones extrañas motivadas por mi deseo de desarrollar mas mi intuición. Con el tiempo, me di cuenta de que mi practica había sido efectiva.

— Ejercicios de visualización. Utilizar técnicas de visualización creativa puede ayudar a desarrollar tu imaginación y percepción intuitiva. Imagina situaciones positivas y resueltas, visualizando soluciones y resultados deseados con todo detalle.

Comparto contigo una experiencia de mi paciente A.:

Visualizábamos primero cómo sucedieron los acontecimientos y después, imaginaba lo que realmente me gustaría que pasara. De una manera sutil, cercana y respetuosa, Esther me recondujo y me ayudó a conectar conmigo mismo... Inmersos en nuestros problemas se nos olvida mirar hacia dentro y entender el origen de nuestras emociones. Con ejercicios físicos respiratorios, reflexiones escritas, meditaciones dirigidas, afirmaciones... Un sinfín de actividades creativas que mezcladas con su sentido del humor y la improvisación hacen que sus consultas sean una delicia.

— Aromaterapia. Los aceites esenciales como el incienso, el sándalo y la lavanda son excelentes para calmar y enfocar la mente. Inhala estos aromas durante tus prácticas de meditación o simplemente colócalos en tu entorno para crear una atmósfera de tranquilidad y claridad.

— Yoga y ejercicios de respiración. Realizar posturas de yoga que estimulen la zona de la frente, como la postura del niño (*balasana*) o la postura del perro boca abajo (*adho mukha svanasana*), puede ser muy beneficioso. Además, los ejercicios de respiración profunda ayudan a mantener la mente enfocada y relajada.

— Alimentación. Consumir alimentos de color índigo, como moras, arándanos y uvas moradas, puede apoyar el equilibrio de este centro emocional. Estos alimentos no solo son ricos en antioxidantes, sino que también energizan este centro de poder.

— Afirmaciones positivas. Repite afirmaciones que fortalezcan tu intuición y claridad mental. Algunas afirmaciones útiles incluyen: «confío en mi intuición», «veo más allá de las apariencias», «estoy abierto a la sabiduría interior», «me libero de mis creencias limitantes y permito que la sabiduría llene mi conciencia», «veo con claridad lo que necesito saber», y mi favorita «acepto en mi corazón esa parte mía que tiene miedo o que se resiste a mirar o a poner luz en mi mente y en mi corazón». Estas declaraciones positivas pueden transformar tu mentalidad y reforzar tu conexión con Ajna.

— Ejercicios de concentración. Participa en actividades que requieran enfoque y atención plena, como la lectura, el ajedrez o la meditación guiada. Estos ejercicios fortalecen tu claridad mental y tu capacidad de concentración.

— Creatividad y arte. Involúcrate en actividades creativas como la pintura, la escritura o la música. Estas actividades permiten que la energía de Ajna fluya de manera positiva, fomentando la creatividad y la innovación.

— Aromaterapia y cristales. Además de los aceites esenciales, trabajar con cristales como la amatista, el lapislázuli y la sodalita puede apoyar el equilibrio de Ajna. Coloca estos cristales cerca de tu espacio de meditación o llévalos contigo durante el día para beneficiarte de sus energías curativas.

— Terapias de sonido. Escuchar frecuencias específicas que resuenen con el chacra del tercer ojo (como 432 Hz) puede ayudar a equilibrar este centro energético. Las terapias de sonido, como la meditación con cuencos tibetanos o el uso de diapasones, pueden ser muy beneficiosas.

— Conectar con la naturaleza. Pasar tiempo en la naturaleza puede ayudar a restaurar tu equilibrio emocional y mental. La tranquilidad y la belleza del entorno natural pueden ofrecerte un espacio para reflexionar y encontrar claridad.

— Autoevaluación honesta. Realiza autoevaluaciones regulares y acepta críticas constructivas. Esto te ayudará a mantener un juicio sensato y a promover la autoaceptación. Reflexiona sobre tus acciones y decisiones para asegurarte de que están alineadas con tus valores y objetivos.

— *Journaling*. Escribir sobre tus miedos y emociones en un diario puede ser una forma efectiva de procesarlos y comprenderlos mejor. Dedica tiempo cada día a escribir sobre tus pensamientos y experiencias, y reflexiona sobre las causas subyacentes de tus miedos.

— Aceptar el apoyo exterior. No subestimes el poder del apoyo social. Hablar con amigos de confianza, familiares o un terapeuta puede proporcionarte perspectivas valiosas y el ánimo que necesitas para enfrentar tus miedos. Compartir tus experiencias y recibir apoyo puede ser increíblemente reconfortante y ayudarte a enfrentar desafíos con mayor confianza y claridad.

— Fomentar la disciplina. Desarrollar hábitos disciplinados y establecer metas claras es esencial para contrarrestar el miedo a la disciplina. Comienza con metas a muy corto plazo y cuando las consigas, celebra tu logro, paso a paso irás motivándote para plantearte metas a corto, a medio y a largo plazo y las conseguirás, te lo garantizo. La estructura y el compromiso pueden aumentar tu motivación y sentido de logro.

— Abrazar lo desconocido. Acepta el cambio como una oportunidad para el crecimiento. Mantén una actitud positiva ante lo desconocido y utilízalo como una herramienta para expandir tus horizontes y descubrir nuevas posibilidades.

— Conexión con otros chacras. Recuerda que el sexto centro emocional trabaja en conjunto con los chacras inferiores para proporcionar una base sólida para la intuición y la percepción espiritual. Además, se complementa con el chacra de la corona para alcanzar una comprensión superior y una conexión espiritual profunda.

Aprende a vivir el momento presente; sé consciente de que ninguna situación, y posiblemente ninguna persona, será igual al momento actual. Puedes influir en lo que sucederá mañana cuando llegue, pero no puedes controlarlo; solo puedes aprender a gestionarlo.

¡A practicar!

■ Pregúntate

— ¿Soy mentalmente fuerte?

— ¿Cuáles son mis fortalezas?

— ¿Soy capaz de resolver las cosas?

— ¿Gestiono los problemas de forma creativa?

— ¿Llegan a mí ideas para tratar de entender las cosas?

— ¿Soy capaz de visualizar mis metas y mis sueños como si los hubiera conseguido?

— ¿Puedo definir objetivos realistas y alcanzables?

— ¿Quiero eliminar y modificar mis pensamientos basura enfocándome en lo que valoro?

■ Reflexiona sobre...

— Identifica y escribe tus creencias, tanto las negativas como las limitantes. ¿Te ayudan? ¿Para qué te sirven?

— ¿Qué creencias necesitas cambiar para tener la vida que deseas? ¿Y para alcanzar la salud perfecta?

— ¿Qué comportamientos negativos surgen continuamente en tus relaciones con los demás? ¿Cuándo surgen? ¿Cómo se manifiestan?

— ¿Cuáles son tus actitudes negativas? Dibújalas.

— ¿Qué creencias mantienes en tu vida que sabes que no son ciertas ni adaptadas a tu realidad? ¿Las sigues manteniendo en tu vida?

— ¿Qué cualidades crees que debes desarrollar?

— ¿Te criticas a menudo? ¿Por qué, en qué situaciones y para qué?

— ¿Criticas a los demás también? ¿Cuándo y para qué?

— ¿Buscas excusas para justificar tus comportamientos negativos? ¿Cuáles?

— ¿Cuáles de tus actitudes y creencias te gustaría cambiar?

— ¿Estás dispuesta a comprometerte a hacer esos cambios? ¿Cómo los llevarás a cabo?

— ¿Sigues los consejos de tu sabiduría interior? ¿En qué situaciones?

— ¿Cuáles son las diez cosas que valoras sobre ti?

— ¿Qué es lo que los demás valoran de ti?

— ¿Las personas de tu entorno suelen ayudarte con pensamientos, acciones o con cosas?

— ¿Crees que hay alguien o algo que vela por ti? ¿Quién o qué?

Recuerda que puedes escribir tus respuestas en tu cuaderno de trabajo. ¡Es tu momento para reflexionar y crecer! Plasmar tus pensamientos y sentimientos es un paso significativo hacia tu desarrollo personal y emocional. Aprovecha esta oportunidad para conocerte mejor y avanzar en tu camino hacia una vida más plena y consciente.

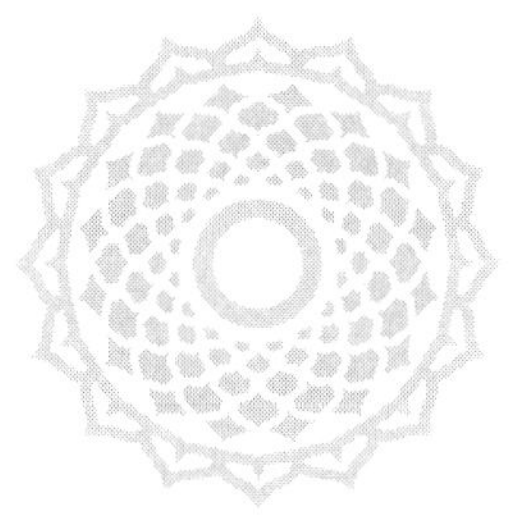

Séptimo centro emocional

Sahasrara permite sentir una conexión con la energía cósmica

Este centro emocional y espiritual es considerado el portal hacia la iluminación y la conciencia universal, desempeñando un papel crucial en nuestra percepción y bienestar mental. Es fundamental para la integración de nuestra identidad espiritual y nuestro sentido de propósito en la vida. Este chacra no solo nos conecta con la fe y la capacidad de dejarnos guiar por una fuerza superior, sino que también integra esta conexión en todo nuestro ser, abarcando los aspectos físico, emocional, mental y espiritual de nuestra existencia. La influencia de este centro emocional se extiende a todos los sistemas orgánicos, incluyendo el sistema nervioso central, el esquelético y el muscular. Cuando está equilibrado, facilita la armonización de estos sistemas, promoviendo un estado de bienestar integral. Nos permite experimentar una sensación de plenitud y de equilibrio, como si cada parte de nuestro ser estuviera alineada y en sintonía.

En un nivel más profundo, el Sahasrara está íntimamente asociado con la iluminación y la conciencia universal. Nos ofrece la oportunidad de trascender las limitaciones del yo individual y de abrirnos a una comprensión más amplia del universo y de nuestro lugar en él. Esta conexión espiritual puede ser una fuente poderosa de paz interior y sabiduría, ayudándonos a navegar la vida con una mente abierta y un corazón dispuesto a recibir.

Situado

El séptimo centro emocional, conocido como el chacra de la corona o Sahasrara en sánscrito, se encuentra en la parte superior de la cabeza y actúa como un portal hacia nuestra naturaleza espiritual más profunda. Al estar alineado y equilibrado, facilita la conexión con nuestra espiritualidad, permitiéndonos trascender las preocupaciones mundanas y alcanzar un estado de paz interior. Esta conexión nos proporciona una perspectiva más amplia y significativa de los desafíos diarios, ayudándonos a manejar el estrés y la ansiedad. Sus funciones abarcan múltiples aspectos de nuestra existencia. Veamos algunos de ellos.

1. Conexión espiritual y bienestar mental. La conexión con lo trascendental a través del chacra de la corona puede ofrecer una base sólida para la salud mental. Muchas personas encuentran consuelo y paz al sentir que forman parte de algo más grande que ellas mismas. Esta sensación de conexión puede reducir la ansiedad y el estrés, proporcionándonos una perspectiva más amplia y significativa de los desafíos diarios y de la vida.

2. Autorrealización y trascendencia del ego. Psicólogos como Abraham Maslow han destacado la importancia de la autorrealización, el punto más alto en su pirámide de necesidades. Este centro emocional está íntimamente ligado a esta idea, ya que nos ayuda a trascender nuestro ego y a conectarnos con nuestra verdadera esencia. Al superar las limitaciones del ego, somos capaces de experimentar una mayor satisfacción personal y una sensación de plenitud.

3. Alineación y equilibrio emocional. El equilibrio del Sahasrara facilita la integración de nuestras emociones y pensamientos, permitiéndonos mantener una mente clara y un corazón abierto. Esta armonización es esencial para el manejo del estrés y las emociones

negativas. Cuando nuestro séptimo centro está equilibrado, somos más capaces de aceptar nuestras emociones sin juzgarlas y de mantener un estado de equilibrio emocional.

4. Perspectiva y flexibilidad mental. Un chacra de la corona bien equilibrado fomenta la flexibilidad mental y la capacidad de adaptarse a nuevas ideas y experiencias. Nos permite abordar los problemas desde múltiples perspectivas y encontrar soluciones creativas. Esta apertura mental es crucial para el crecimiento personal y la resiliencia, ya que nos permite afrontar los cambios y las incertidumbres con una actitud positiva y proactiva.

5. Impacto en la autoimagen y la autoestima. La conexión con nuestra espiritualidad a través de este centro puede influir positivamente en nuestra autoimagen y autoestima. Al reconocer nuestra naturaleza divina y nuestro propósito en el universo, comenzamos a vernos desde una perspectiva de mayor autocompasión y respeto. Este reconocimiento nos permite entender y aceptar nuestras imperfecciones como parte del viaje humano, en lugar de verlas como fallos.

6. Influencia sobre la salud mental. -Desde una perspectiva neurológica, el Sahasrara está relacionado con el sistema nervioso central. Mantener este chacra en equilibrio puede contribuir a una mejor salud mental, reduciendo el riesgo de trastornos como la depresión y la ansiedad. La meditación y otras prácticas espirituales que activan el chacra de la corona pueden promover la neuroplasticidad y mejorar la resiliencia, ayudando a enfrentar y superar la adversidad con una mentalidad más positiva y proactiva.

Su equilibrio

Como he comentado, este centro es el epicentro de nuestra conexión espiritual y juega un papel esencial en nuestra percepción y bienestar mental. Cuando está equilibrado, la persona tiene una clara finalidad en su vida y es consciente de que lograr sus objetivos depende únicamente de sí misma. Esta claridad de propósito se traduce en una gran devoción y en pensamientos inspiradores, proféticos y místicos, así como en la capacidad de generar ideas trascendentales. Además, es probable que dicha persona experimente su espiritualidad de manera muy personal y exclusiva, lo que le crea una profunda sensación de plenitud.

Este chacra es fundamental para el conocimiento, la visión y la intuición espiritual. Cuando está en armonía, sentimos una profunda conexión con nuestra espiritualidad y con el universo. Esta alineación nos permite trascender las preocupaciones mundanas y alcanzar un estado de paz interior y sabiduría. Nos sentimos guiados por una fuerza superior y somos capaces de ver más allá de las limitaciones del ego y del yo individual. Emocional y mentalmente, su equilibrio nos ayuda a mantener una mente abierta y receptiva, permitiéndonos abordar los desafíos de la vida con serenidad y claridad. Nos sentimos más conectados con nuestra verdadera esencia y capaces de actuar desde un lugar de amor y compasión.

Cuando no está equilibrado, una persona puede sentir que su vida no está bajo su control, sino que está determinada por el destino o eventos externos, y que las cosas simplemente ocurren como están destinadas a suceder. Este desequilibrio puede resultar en una desconexión espiritual, una sensación de aislamiento y una falta de propósito. Físicamente, puede manifestarse como dolores de cabeza, problemas neurológicos o trastornos del sueño. Emocionalmente, podemos sentirnos confusos, dispersos o desesperanzados. Este desequilibrio puede presentarse como una deficiencia o un exceso, cada uno con sus propias características distintivas:

— Deficiencia: cuando este centro emocional está deficiente, podemos experimentar una sensación de desconexión espiritual, que nos lleva al cinismo, a la falta de propósito y, en muchos casos, a la depresión. Esta falta de conexión nos hace sentir aislados y sin rumbo, dificultando nuestra capacidad para encontrar significado en nuestras experiencias y relaciones.

— Exceso: por otro lado, un exceso en este chacra puede hacer que nos resulte difícil mantenernos conectados a la realidad física. Nos volvemos excesivamente enfocados en lo espiritual hasta el punto de perder el contacto con el mundo material. Esto puede llevar a la desorientación y a una obsesión por las prácticas espirituales, perdiendo el equilibrio necesario entre nuestra existencia física y espiritual.

Las enfermedades

El séptimo centro emocional es fundamental no solo para nuestra conexión espiritual, sino también para nuestra salud física y emocional. Cuando este chacra está en equilibrio, fomenta una sensación de unidad y propósito en la vida. Sin embargo, su desequilibrio puede provocar una variedad de enfermedades y disfunciones físicas y emocionales, tales como:

Relación con enfermedades físicas

— Problemas neurológicos: un desequilibrio en este chacra puede estar relacionado con trastornos del sistema nervioso, como la esclerosis múltiple y la esclerosis lateral amiotrófica. Estos trastornos interrumpen la comunicación entre el cerebro y el resto del cuerpo, generando una amplia gama de síntomas físicos que pueden afectar significativamente la vida diaria.

— Trastornos del sueño: la desconexión entre la mente y el cuerpo, resultante de un desequilibrio en el Sahasrara, puede manifestarse como insomnio, pesadillas y otros trastornos del sueño. La incapacidad para descansar adecuadamente afecta no solo el bienestar físico, sino también la capacidad mental para enfrentar el día a día.

— Trastornos endocrinos: el séptimo centro emocional está asociado con la glándula pineal, que regula los ritmos biológicos y hormonales. Un desequilibrio en este centro energético puede afectar la producción hormonal y los ritmos circadianos, llevando a problemas como el agotamiento crónico que no está relacionado con dolencias físicas.

— Migrañas y dolores de cabeza: frecuentes migrañas y dolores de cabeza intensos pueden ser síntomas de un desequilibrio en el chacra de la corona. Además, es posible experimentar una extrema sensibilidad a la luz, los sonidos y otros factores ambientales, lo que puede hacer que las actividades diarias resulten insoportables.

Relación con enfermedades emocionales:

— Desconexión espiritual: sentir una desconexión con el mundo y con uno mismo, la falta de propósito y la sensación de pérdida de fe son indicadores de un Sahasrara desequilibrado. Esta desconexión espiritual puede llevar a una profunda sensación de vacío emocional profundo, y desorientación afectando la motivación y el bienestar general.

— Confusión y desorientación: un desequilibrio en el chacra puede causar problemas de claridad mental, confusión y dificultad para tomar decisiones. Además, puede resultar en una pérdida de identidad y de sentido de dirección en la vida, lo cual es desorientador y perturbador.

— Depresión y aislamiento: un fuerte desequilibrio puede llevar a una depresión profunda y a sentimientos de aislamiento y soledad. La depresión mística, una forma de depresión que se relaciona con crisis espirituales, puede surgir en estos casos y ser especialmente difícil de tratar debido a su naturaleza profunda y existencial.

— Pensamientos obsesivos: las personas con este centro desequilibrado pueden experimentar pensamientos obsesivos y un exceso de preocupaciones. Estos pensamientos interfieren con la capacidad para vivir en el presente y disfrutar de la vida, creando un ciclo de ansiedad y estrés.

— Enfermedades y accidentes como despertar: a veces, las enfermedades graves o los accidentes peligrosos pueden servir como una llamada de atención o un despertar espiritual. Estos eventos indica la necesidad de reconectar con la espiritualidad y buscar un equilibrio interior.

En resumen, el séptimo centro emocional, conocido como el chacra corona, se desequilibra debido a la desconexión espiritual, la falta de propósito en la vida o un enfoque excesivo en lo material, lo que genera sentimientos de vacío, desmotivación, aislamiento emocional y rigidez mental. Este bloqueo también puede manifestarse físicamente con fatiga, dolores de cabeza o problemas neurológicos. Para restaurar el equilibrio, es esencial fortalecer la conexión con la espiritualidad a través de prácticas como la meditación, la gratitud y la reflexión, encontrar un propósito que otorgue sentido a la vida y fomentar una armonía entre lo material y lo trascendental. Esto nos permite alcanzar una mayor sensación de plenitud y bienestar integral.

Recuerdo que hace diecinueve años tuve un accidente que casi me costó la vida. En ese momento, no entendía muy bien lo que había pasado. Pero algo dentro de mí cambió profundamente; me sentía más conectada con el mundo, más tranquila y segura, y mis miedos parecían haber desaparecido. En aquel entonces, no pensé que mi séptimo centro emocional me estaba dando un toque de atención. Sin embargo, unos meses después, al reflexionar sobre lo ocurrido, comprendí lo que realmente había pasado. Fue una revelación que me llevó a continuar con mis prácticas para equilibrar y fortalecer ese centro emocional. Esa experiencia marcó el inicio de un camino de sanación y autoconocimiento que sigue hasta hoy, recordándome siempre la importancia de cuidar mi equilibrio interior.

Los miedos

Asociados con el desequilibrio del séptimo centro emocional se manifiestan de manera profunda y significativa en nuestras crisis espirituales. Exploremos estos miedos:

1. La noche oscura del alma. La noche oscura del alma es un estado de profunda desolación y desconexión espiritual. Durante este periodo, una persona puede sentir que su fe y su conexión con lo divino están en duda. Esta experiencia puede provocar una intensa

crisis existencial, donde la persona se siente perdida y sin propósito. Desde un punto de vista psicológico, esta fase puede ser vista como una oportunidad para el crecimiento personal y espiritual, aunque resulte dolorosa. Afrontar y superar esta oscuridad puede llevar a una mayor claridad y renovación espiritual. En este estado, las personas a menudo experimentan una profunda tristeza y desesperación. Sin embargo, atravesar esta fase con apoyo y autocompasión puede resultar en una transformación personal. La noche oscura del alma es a menudo el preludio a un despertar espiritual, donde se encuentra una nueva y más sólida conexión con lo divino

2. El miedo al abandono espiritual. El miedo al abandono espiritual es «el temor a ser dejado de lado» por una fuerza superior o por el universo. Esta sensación de abandono puede generar una profunda inseguridad y falta de confianza en la vida misma. Psicológicamente, este miedo puede ser debilitante, afectando la autoestima y la capacidad de confiar en uno mismo y en los demás. Trabajar en la conexión espiritual a través de prácticas como la meditación y la oración puede ayudar a aliviar este miedo, promoviendo una sensación de acompañamiento y guía. Este miedo puede estar acompañado de sentimientos de soledad y desesperanza. Reconocer y validar estos sentimientos es el primer paso para superarlos. Practicar la gratitud y la autoafirmación puede fortalecer la confianza en la guía divina y en el propio valor.

3. La pérdida de identidad. La pérdida de identidad es un miedo común cuando este centro emocional está desequilibrado. Las personas pueden sentir que ya no saben quiénes son o cuál es su propósito en la vida. Este sentimiento de desorientación puede llevar a una crisis de identidad, afectando la manera en que se relacionan con ellos mismos y con el mundo. Desde un enfoque psicológico, esta pérdida de identidad puede ser una llamada a redescubrir y redefinir el sentido de sí mismo, explorando nuevos aspectos de la personalidad y los valores personales. Durante esta crisis, es común sentir una falta de dirección y motivación. Sin embargo, este periodo de confusión puede ser una oportunidad para la introspección y el autoconocimiento. Revaluar los propios valores, intereses y objetivos puede ayudar a

reconstruir una identidad más auténtica y alineada con la verdadera esencia de uno mismo.

4. La pérdida de conexión con la vida y con las personas que nos rodean. El sentimiento de desconexión con la vida y con las personas cercanas puede ser devastador. Cuando este centro está desequilibrado, es común sentirse aislado y desconectado de los demás. Este aislamiento emocional puede llevar a la soledad y a la depresión, afectando la salud mental y emocional. Para abordar este miedo, es esencial trabajar en la reconexión con la vida y con las relaciones interpersonales, buscando apoyo en la comunidad, la familia y los amigos, pues sentir que uno no pertenece puede generar una gran angustia. Fomentar relaciones significativas y participar en actividades comunitarias puede reconstruir el sentido de pertenencia y conexión. Además, la práctica de la empatía y la compasión hacia uno mismo y los demás puede fortalecer los lazos emocionales y espirituales.

Solución

Para incrementar tu fortaleza interna y alcanzar un estado de bienestar integral, es esencial adoptar ciertas prácticas y actitudes. Aquí te presento algunas recomendaciones y técnicas:

— Fe en lo divino: tener fe en la presencia de lo divino y en su influencia en nuestro día a día es fundamental. Desarrollar la capacidad de confiar en la vida y en que esta te proporcionará aquello que deseas fortalece tu resiliencia emocional y espiritual.

— Aceptar la humanidad: permítete ser más humano aceptando tus fortalezas y debilidades, y reconociendo tus sentimientos. Esta autoaceptación es vital para construir una autoestima sólida y una mayor compasión hacia uno mismo.

— Generosidad: ser más generoso no solo beneficia a los demás, sino que también fomenta un sentido de conexión y satisfacción personal.

— Claridad de valores: tener claros tus valores te proporciona una brújula interna que guía tus decisiones y acciones, fortaleciendo tu integridad y sentido de propósito.

— Ética y coraje: practicar la ética y tener el coraje de seguir tus principios te ayuda a mantenerte firme en tus convicciones, incluso en situaciones difíciles.

— Visión global: aprender a tener una visión global te permite ver más allá de las preocupaciones inmediatas y comprender el panorama general, facilitando una perspectiva más equilibrada.

— Espiritualidad y devoción: practicar la espiritualidad y la devoción alimenta tu conexión con lo trascendental y te proporciona una fuente constante de paz y bienestar.

Técnicas que te recomiendo para equilibrar el séptimo centro emocional:

— Meditación. Practicar meditación enfocada en la parte superior de la cabeza, visualizando una luz blanca o violeta brillante, o una flor de loto de mil pétalos, puede ayudar a liberar el pasado, entender tu misión y aceptar el cambio.

— Silencio y contemplación. Pasar tiempo en silencio y reflexión para conectar con la conciencia superior es esencial para mantener el equilibrio mental y emocional.

— Terapia y acompañamiento. Buscar apoyo profesional de un terapeuta o consejero te proporciona herramientas y técnicas para manejar el estrés y las emociones negativas.

— Comunicación abierta. Hablar sobre tus miedos y crisis espirituales con personas de confianza puede aliviar el sentimiento de aislamiento y promover el apoyo mutuo.

— Exploración personal. Tomarte el tiempo para explorar y redefinir tus valores, creencias y propósitos puede restaurar tu sentido de identidad y conexión con la vida.

— Terapia cognitivo-conductual (TCC). La TCC ayuda a identificar y cambiar patrones de pensamiento negativos relacionados con la espiritualidad y el sentido de identidad.

— Diario de reflexión espiritual. Escribir sobre tus experiencias, emociones y pensamientos relacionados con la espiritualidad puede proporcionar claridad y fomentar el autoconocimiento.

— Grupos de apoyo espiritual. Participar en grupos de discusión y apoyo espiritual puede ofrecer un sentido de comunidad y compartir experiencias similares, aliviando el aislamiento.

— Aromaterapia. Usar aceites esenciales como incienso, mirra y sándalo puede elevar la energía espiritual y facilitar la meditación.

— Yoga. Practicar posturas de yoga que favorezcan la meditación y la conexión espiritual, como la postura del loto, ayuda a equilibrar este centro.

— Afirmaciones positivas o mantras. - Repetir frases como «estoy en sintonía con la sabiduría divina», «estoy en paz con el universo», «mi espíritu está lleno de luz y paz», «perdono a los que me ofenden y me perdono a mí mismo», «suelto y confío», «me libero de todos los pesos y preocupaciones de mi pasado y de mi presente», «yo soy uno con el todo» puede fortalecer tu conexión espiritual y promover la paz interior.

— Cristales asociados. Utilizar cristales como la amatista, el cuarzo claro y el diamante puede apoyar la meditación y la conexión espiritual.

— Alimentación saludable. Aunque no hay alimentos específicos para este chacra, mantener una dieta equilibrada contribuye al bienestar general, lo cual respalda tu conexión espiritual.

— Conexión con otros chacras. Este centro emocional trabaja en armonía con todos los chacras inferiores para integrar la experiencia física con la espiritual. Facilita la integración y el equilibrio de todas las energías, promoviendo una conexión profunda con la conciencia universal.

Recuerda que, al adoptar estas prácticas, puedes fortalecer tu conexión espiritual, mejorar tu bienestar emocional y alcanzar un estado de equilibrio y paz interior.

Antes de pasar a la práctica quiero compartir contigo como expresaba este tormento mi paciente C.:

Cuando llegué por primera vez a su consulta yo no sabía siquiera quién era (y me refiero a mí misma), estaba totalmente perdida y me daba igual lo que pudiera perder. La ira me podía hasta el punto de no saber valorar nada ni a nadie, solo veía cosas malas a mi alrededor, tenía constantes cambios de humor de mal a peor, intentaba agarrarme a cualquier cosa que me ayudara a evadirme de esa realidad ficticia que me atormentaba, cada vez estaba más llena de miedos, me sentía desamparada, rara entre una multitud que no reconocía. Hice cosas de las que no me siento orgullosa, lo reconozco, pero lo peor eran mis pensamientos suicidas, ese punto en el que estás tan desesperada que ya te da igual todo, y solo quieres huir... Ella me dio las herramientas, yo pongo el trabajo. Como ella me dijo una vez: «Las personas nunca aprenden nada de lo que les cuentan, necesitan descubrirlo por ellas mismas».

¡A practicar!

■ Pregúntate

— ¿Me siento parte de algo grande y maravilloso?

— ¿Me siento conectada a Dios/al espíritu del universo, y siento que mi vida tiene un propósito?

— ¿Soy capaz de verme a mí misma? ¿Y aceptarme sin condiciones?

— ¿Siento honestidad en mí y en mi entorno?

— ¿Me es fácil descubrir lecciones y aprendizajes en mis experiencias? ¿Y aprender de ellos?

■ Reflexiona sobre...

— Durante la meditación u oración, ¿te haces preguntas? ¿Cuáles son?

— En tus momentos de meditación u oración, ¿te quejas o expresas gratitud?

— ¿Qué significa la espiritualidad para ti?

— ¿Sigues un camino espiritual específico? Si no, ¿sientes la necesidad de encontrar uno?

— ¿Piensas que tu concepto de Dios es más verdadero que las creencias espirituales de otras tradiciones?

— ¿Esperas que lo divino te envíe una explicación de tus experiencias dolorosas? Si es así, haz una lista.

— Si lo divino te dijera «ahora mismo no tengo intención de responderte», ¿cambiaría tu vida? ¿Qué estarías dispuesto a hacer?

— ¿Has practicado la meditación u oración alguna vez? ¿Continúas haciéndolo? ¿Por qué? ¿Para qué?

— ¿Te asusta tener una conexión más profunda con lo divino por los posibles cambios que podría traer a tu vida?

— ¿Cuántas «mochilas» del pasado llevas todavía a cuestas? Dibújalas.

— ¿A qué esperas para soltarlas? ¿Cuándo crees que es el momento adecuado?

— ¿Qué respuestas a estas preguntas te generan más temor?

— ¿Te propones cada día a encontrar tres cosas que te generen bienestar? Si aún no lo haces, te animo a intentarlo y observar cómo afecta tu día.

Al igual que en las prácticas anteriores, puedes escribir tus resultados en tu cuaderno de trabajo. Registrar tus avances es una forma poderosa de ver cómo evolucionas y te transformas. Recuerda, cada paso que tomas te acerca más a tu bienestar y crecimiento personal.

Formas de equilibrar los centros emocionales

Equilibrio independiente de cada centro emocional: uno a uno

Hemos repasado cada uno de los centros emocionales de forma específica, explorando desde dónde están situados hasta las consecuencias de su desequilibrio. Hemos visto cómo estos desequilibrios pueden desencadenar diversas enfermedades, cuáles son los miedos más comunes asociados y, a nivel espiritual, lo que significan. También hemos abordado qué prácticas podemos emplear para sanar y equilibrar cada chacra.

En este apartado, quiero explicarte cómo equilibrar tus centros emocionales de manera efectiva. Este equilibrio puede ser abordado de diversas maneras, pero una de las formas más eficaces es trabajar un chacra y un tema a la vez, ya sea un miedo o una preocupación. Cada estado de negatividad o de mala salud está relacionado con un centro de energía particular, y puede ser remediado mediante un cambio en el enfoque y la actividad de ese centro.

Por ejemplo:

— Séptimo centro emocional o chacra de la corona: si tienes problemas en el séptimo centro emocional, como temores y falta de propósito, el remedio es la acción. Tomar medidas concretas para avanzar en tus objetivos y confiar en la guía espiritual puede ayudarte a encontrar claridad y dirección.

— Segundo centro emocional o chacra sacro: para la depresión que puede estar asociada con el segundo chacra, la creatividad es el antídoto. Involucrarte en actividades artísticas, expresarte de manera creativa y permitirte disfrutar del placer y la creatividad puede aliviar los síntomas depresivos y revitalizar tu energía emocional.

Este enfoque de trabajar cada chacra de *manera individual* permite una atención más focalizada en los problemas específicos relacionados con ese centro de energía. Al identificar y tratar los desequilibrios en cada centro, puedes promover una mayor armonía y bienestar en tu vida. Cada chacra está asociado con un aspecto específico de nuestra vida y puede manifestar estados tanto saludables como enfermizos. Aquí te presento un resumen detallado de lo que hemos visto, para trabajar con cada uno de ellos y sus correspondientes estados de salud y enfermedad:

Chacra / Centro Emocional	Sano	Enfermo
Primero o raíz	Aceptación	Ira
Segundo o sacro	Creatividad	Depresión
Tercero o solar	Palabras positivas	Palabras negativas
Cuarto o corazón	Amor incondicional	Desesperación
Quinto o garganta	No juicios	Baja autoestima
Sexto o frontal	Integración	Aislamiento
Séptimo o corona	Acción	Miedo

Chacra 1: raíz (Muladhara)

Primer centro emocional: aceptación vs. ira.
— Aspecto psicológico: el chacra raíz se relaciona con nuestra sensación de seguridad y estabilidad.

Cuando está equilibrado, sentimos una conexión sólida con el mundo y una base segura para desarrollarnos.

— Estados saludables: la aceptación te proporciona una base de seguridad y estabilidad. Sentirte aceptado y enraizado te ayuda a enfrentar la vida con confianza y con la certeza de que tus necesidades básicas están cubiertas.

— Estados enfermos: la ira puede surgir de sentimientos de inseguridad y desconexión, así como de miedos y ansiedad relacionados con las necesidades básicas.

— Prácticas para el equilibrio: para equilibrar el chacra raíz, es útil practicar la conexión a tierra a través de actividades como caminar descalzo sobre la tierra, hacer ejercicio regularmente y practicar *mindfulness*. También puedes trabajar en la aceptación de ti mismo y de los demás repitiendo afirmaciones de seguridad y estabilidad. Medita visualizando una luz roja en la base de la columna.

Chacra 2: sacro (Svadhisthana)

Segundo centro emocional: creatividad vs. depresión.

— Aspecto psicológico: el chacra sacro se asocia con la creatividad, la sexualidad y las emociones. Un sacro equilibrado promueve la alegría de vivir y la capacidad de experimentar placer.

— Estados saludables: la creatividad fluye libremente, promoviendo la alegría, el placer y la expresión artística. Desarrollamos la capacidad para disfrutar del placer y la intimidad

— Estados enfermos: la depresión puede bloquear la energía creativa y emocional, así como causar problemas relacionados con la sexualidad.

— Prácticas para el equilibrio: participar en actividades creativas como la pintura, la danza o la escritura puede revitalizar este chacra. También es útil explorar y expresar tus emociones de manera saludable. Visualiza una luz naranja en la zona abdominal al meditar y practica la expresión abierta de tus emociones y sentimientos.

Chacra 3: plexo solar (Manipura)

Tercer centro emocional: palabras positivas vs. palabras negativas.

— Aspecto psicológico: el chacra del plexo solar está relacionado con el poder personal y la autoconfianza. Un plexo solar equilibrado nos permite actuar con determinación y seguridad.

— Estados saludables: las palabras positivas refuerzan tu autoestima y poder personal. Fomentan la confianza en uno mismo y la autoafirmación, así como la capacidad para establecer límites y tomar decisiones.

— Estados enfermos: las palabras negativas pueden debilitar tu confianza y autovalor. Pueden provocar una falta de autoconfianza y autoafirmación, así como una sensación de impotencia y falta de control.

— Prácticas para el equilibrio: practica las afirmaciones positivas que hemos visto a diario y trabaja en tu autoconfianza y autovaloración. Establece metas y celebra tus logros para fortalecer este chacra. Visualiza una luz amarilla en el plexo solar y realiza ejercicios de respiración profunda para fortalecer tu centro de poder personal.

Chacra 4: corazón (Anahata)

Cuarto centro emocional: amor incondicional vs. desesperación.

— Aspecto psicológico: el chacra del corazón es el centro del amor incondicional y la compasión. Un corazón equilibrado permite relaciones sanas y una profunda conexión emocional con los demás.

— Estados saludables: el amor incondicional nutre tus relaciones y tu bienestar emocional. Fortalece tu capacidad para amar y ser amado, y fomenta sentimientos de compasión y empatía.

— Estados enfermos: la desesperación y la falta de amor propio pueden surgir de heridas emocionales no sanadas. Si este centro está desequilibrado, pueden surgir problemas para perdonar y sentimientos de resentimiento.

— Prácticas para el equilibrio: practica la compasión, el perdón y el autocuidado. Abre tu corazón a recibir y dar amor. Meditar visualizando una luz verde en el pecho y el yoga del corazón pueden ser muy beneficiosos.

Chacra 5: garganta (Vishuddha)

Quinto centro emocional: no juicios vs. baja autoestima.

— Aspecto psicológico: el chacra de la garganta se relaciona con la comunicación y la autoexpresión. Un chacra de la garganta equilibrado nos permite expresarnos de manera clara y auténtica.

— Estados saludables: la comunicación libre de juicios fortalece tu expresión de los pensamientos y sentimientos, y mejora tu habilidad para escuchar y comunicarse efectivamente.

— Estados enfermos: la baja autoestima puede inhibir tu capacidad de expresarte claramente y causar problemas de comunicación.

— Práctica para el equilibrio: practica la autoexpresión creativa y la comunicación asertiva. Trabaja en tu autoestima y en la confianza en tu voz y tus ideas. Visualiza una luz azul en la garganta y realiza ejercicios de canto y voz.

Chacra 6: tercer ojo (Ajna)

Sexto centro emocional: integración vs. aislamiento.

— Aspecto psicológico: el chacra del tercer ojo está asociado con la intuición y la percepción. Un tercer ojo equilibrado permite una visión clara y una profunda comprensión de uno mismo y del mundo.

— Estados saludables: la integración de la intuición y la mente consciente permite una visión clara y una percepción intuitiva, así como la capacidad para visualizar y planificar.

— Estados enfermos: el aislamiento puede bloquear tu capacidad de ver y entender claramente, causando una desconexión de la intuición.

— Práctica para el equilibrio: la meditación y la visualización son claves para fortalecer este chacra. Visualiza una luz índigo en el entrecejo, practica ejercicios de intuición y mantén un diario de sueños para mejorar tu intuición y visión interior.

Chacra 7: corona (Sahasrara)
Séptimo centro emocional: acción vs. miedo.

— Aspecto psicológico: el chacra de la corona está relacionado con la conexión espiritual y la sabiduría. Si esta equilibrado nos permite trascender las preocupaciones mundanas y experimentar una profunda conexión con lo divino.

— Estados saludables: La acción inspirada te conecta con tu propósito y con lo divino. Promueve una conexión espiritual y una paz interior, así como una comprensión y sabiduría profundas.

— Estados enfermos: el miedo puede desconectar tu conexión espiritual y propósito, provocando sentimientos de aislamiento y pérdida de propósito.

— Práctica para el equilibrio: practica Ala meditación profunda, la oración y la acción consciente. Visualiza una luz violeta o blanca en la parte superior de la cabeza. Conéctate con tu espiritualidad y trabaja en superar tus miedos a través de la acción y la fe. El yoga y la contemplación pueden ser muy beneficiosos para la conexión espiritual.

Como hemos visto en capítulos anteriores, trabajar de manera individual y enfocada en cada centro emocional te permite abordar y sanar los desequilibrios específicos, promoviendo así una mayor armonía y bienestar en tu vida. Este enfoque te ayuda a identificar claramente las áreas que necesitan atención y aplicar las prácticas adecuadas para restablecer el equilibrio y la armonía interior. Te invito a consultar las prácticas y meditaciones específicas para cada centro a armonizar, que encontrarás en el capítulo correspondiente.

Equilibrio simultáneo de los centros emocionales: agrúpalos

Otra forma de trabajar los centros emocionales *es agrupándolos*. La forma energética de los chacras se describe como la de un cono. Esta tendencia a unificarse en el chacra del corazón implica un cambio consciente en la manera en que funcionan nuestros cuerpos de energía. Este proceso permite alinear los cuerpos físico, emocional, mental y espiritual, armonizando así nuestras energías. La expansión del chacra unificado, tanto externamente como en el interior del cuerpo físico, se percibe como un campo de energía envolvente, específicamente de la energía del amor que reside en el corazón. Al estar unificados y tener el corazón como centro, todos los chacras vibran en la misma frecuencia, lo que provoca cambios significativos en nuestra seguridad interna, especialmente cuando actuamos de manera apropiada y sin dudar.

La primera vez que experimenté esta unificación, sentí algo muy agradable que me envolvía, similar al abrazo reconfortante de mi madre. Era como cuando siendo niña, al final del verano, en el cine al aire libre de la sierra, olvidábamos llevar ropa de abrigo debido a la emoción del momento. Entonces, nuestras madres nos cubrían con mantas. Esa sensación de calidez y protección es comparable a lo que se siente cuando los chacras se unifican y vibran al unísono desde el corazón. Es una sensación de plenitud y seguridad, de estar envuelto en una energía amorosa y protectora que proviene del interior y se expande hacia el exterior, creando un campo de energía armonioso y unificado. Esta experiencia no solo refuerza nuestra conexión con nosotros mismos y con el entorno, sino que también nos brinda una profunda sensación de paz y bienestar.

Cuando nuestros chacras están alineados y en equilibrio, nos sentimos más seguros y capaces de actuar sin dudar, con la certeza de que estamos en sintonía con nuestra verdadera esencia. Este estado de armonía nos permite enfrentar la vida con confianza y serenidad, sabiendo que estamos protegidos y apoyados por una energía amorosa y envolvente.

Ahora, te dejo unas meditaciones y ejercicios para equilibrar tus centros emocionales, en los que puedes incluir la sonoterapia, pues los sonidos y las vibraciones pueden armonizarlos. Utiliza cuencos tibetanos, campanas o incluso música con frecuencias específicas para cada chacra durante tus sesiones de meditación. También puedes incorporar la cristaloterapia; los cristales tienen propiedades únicas que pueden equilibrar y activar los centros emocionales. Para cada centro, utiliza su cristal correspondiente.

Para integrar estas prácticas en tu vida diaria, comienza con pequeños pasos y no dejes pasar un solo día sin avanzar, por pequeño que parezca el progreso. El método japonés denominado Kaizen nos enseña que, al mejorar un poco cada día, al final lograremos grandes cambios y avances que nos acercarán a nuestras metas. Aplicando esta filosofía, dedica unos minutos diarios a una meditación específica para el chacra que sientas que necesita más equilibrio. Usa afirmaciones y visualizaciones durante tus actividades cotidianas para mantener tu enfoque y armonía. Experimenta con diferentes aceites esenciales hasta encontrar el que mejor resuene contigo y no te olvides de cuidar tu alimentación y tu descanso.

El proceso de equilibrio es un viaje personal y continuo. A medida que te familiarices más con tus centros emocionales y sus necesidades, encontrarás las prácticas que mejor se adapten a ti y que te brinden el mayor beneficio. Confía en tu intuición y permítete experimentar con diferentes técnicas hasta encontrar tu propio equilibrio.

¡Recuerda que cada uno de nosotros es único, así que elige la que mejor se adapte a ti y a tus necesidades actuales! Aquí tienes algunas opciones para comenzar tu viaje hacia el equilibrio y la armonía interior:

¡A practicar!

■ Ejercicio de visualización

Busca una posición cómoda y descansada... Respira profundamente desde el abdomen hasta la garganta permitiendo que el aire ascienda... Visualiza tres veces el número tres... Visualiza tres veces el número dos... Visualiza tres veces el número uno... Respira profundamente con la intención de introducir Luz dorada dentro del chacra del corazón.

En cada exhalación, visualiza cómo esa luz se expande, en todas direcciones... como si fuera una esfera... Expándela para que inunde cada par sucesivo de chacras... Inhalas y exhalas poniendo tu atención en el tercero y el quinto... el segundo y el sexto... el primero y el séptimo... el omega (debajo de la base de la espina dorsal, te conecta con la conciencia planetaria) y el alfa (por encima de cabeza te conecta con tus cuerpos de luz), el octavo y tus rodillas... el noveno y tus tobillos... el décimo y sus pies. Respira...

Visualiza un cristal rosado en el chacra del corazón, resplandeciendo intensamente... Observa cómo crece ayudado de la respiración hasta elevarse por encima de tu cabeza... Acércate y tócalo, puedes atravesarlo fácilmente, es como una luz rosada. Entra y mira a tu alrededor. Respira...

Hay alguien que te espera para darte la bienvenida... Es una imagen proyectada por tu espíritu... Respira... siente ese amor, compasión y cariño... Dis-

fruta. Puedes nutrirte de esa luz, hacer preguntas, pedir guía o sencillamente dedicarte a cultivar esta amistad... Pide que esta energía permanezca en tu chacra del corazón y que te guíe en todos tus quehaceres... Tómate tu tiempo...

Concéntrate en el bienestar, en lo que sientes... deja que la imagen vaya desapareciendo y retorna a tu consciencia en el presente. Repite: «soy un maestro en todo lo que hago».

Ahora pide a tu maestro que mezcle esta energía con la del campo unificado... Respira... permítete experimentarte como un ser multidimensional mediante la expansión de tu chacra unificado para que cubra el chacra once (el nivel de tu alma grupal)... el doce (el nivel crístico de tu yo-espíritu)... el trece (la presencia del yo soy)... y el catorce (la fuente)... Respira.
(Pausa de cinco minutos).

Es el momento de despertar...
Visualiza tres veces el número uno... respira... Visualiza tres veces el número dos... respira... Permite que tu cuerpo disfrute e integre esta nueva energía... Visualiza tres veces el número tres... respira... Cuando estés preparado abre los ojos.

Te recomiendo que escribas sobre cómo te sientes, qué pensamientos has tenido, qué has visto y percibido, y todo lo que te ha llamado la atención. ¡Esto te ayudará a reflexionar y a profundizar en tu experiencia!

Quiero compartir contigo una meditación de Caroline Myss, renombrada escritora e intuitiva médica, que descubrí accidentalmente hace años en uno de sus libros. Esta práctica es una poderosa herramienta para la limpieza y el equilibrio de los chacras, y también para tomar conciencia de cualquier posible bloqueo que podamos tener. Al practicar esta meditación, es importante que centres tu atención en cada uno de los centros emocionales, visualizando el color correspondiente a cada uno de ellos. Mientras lo haces, repite el sonido asignado a cada uno en cada exhalación. Este proceso te ayudará a alinearte con tus energías internas, promoviendo un estado de armonía y bienestar. La visualización de los colores y la repetición de los sonidos específicos sirven para limpiar y equilibrar tus centros emocionales, permitiéndote experimentar una profunda sensación de paz y conexión.

Te invito a que te sumerjas en esta meditación con una mente abierta y un corazón dispuesto. Permite que la energía fluya libremente a través de ti, llevándote hacia un estado de equilibrio y plenitud. ¡Que esta práctica te llene de luz y paz!

■ Meditación diaria

«Respira como has aprendido y relaja tu cuerpo...
Fija tu atención en el primer chacra.
*Visualiza el color **rojo**.*
Repite el sonido «lam» al tiempo que expiras aire de los pulmones.

Concéntrate en el bautismo y acepta la responsabilidad de la nueva vida que has elegido.

Repite: «Bendigo la vida que he aceptado vivir, la familia personal y política».

Todos somos uno.
Respira...

Fija la atención en el segundo chacra.
*Visualiza el color **naranja**.*
Repite el sonido «vam» al tiempo que expiras aire de los pulmones.
Percibe la energía que ha salido de esta zona.
Si hay energía negativa, examina tu intención.
Céntrate en la energía de la comunión, observa cómo cada persona en tu vida tiene una finalidad divina.
Evalúa los compromisos que has adquirido con los demás y contigo.
Siembra semillas de energía positiva, situaciones que quieres que haya en tu vida. Visualízalas.
Repite «respetaos mutuamente».
Respira...

Fija la atención en el tercer chacra.

*Visualiza el color **amarillo**.*

Repite el sonido «ram» con cada exhalación.

Evalúa tu comportamiento.

¿Has comprometido de alguna manera tu honor?

Lleva a la mente la confirmación, que es el compromiso contigo mismo de respetar tu dignidad.

Acepta la vida tal como es y agradece y bendice lo que tienes y lo que te ha de llegar.

Acepta la parte femenina como la masculina que habita en tu interior.

Repite «me respeto a mí mismo».

Respira…

Fija la atención en el cuarto chacra.

*Visualiza el color **verde**.*

Repite el sonido «yam» con cada exhalación.

Céntrate en la energía del amor y de la compasión.

Recuerda cómo realizas y respetas el matrimonio contigo mismo, atiendes tus necesidades emocionales y personales para luego poder amar a los demás de forma incondicional.

Perfecciona tu capacidad de amar y perdonar a los demás y a ti mismo.

Repite «el amor es poder divino».

Respira…

Fija la atención en el quinto chacra.

*Visualiza el color **azul**.*

Repite el sonido «jam» con cada exhalación.

Evalúa la calidad de los pensamientos que tienes sobre los demás y sobre ti mismo.

Evalúa las palabras que utilizas hacia los demás, no juzgar.

Céntrate en este chacra y pregunta cuál es tu plan divino para contactar con él y desarrollarlo.

Confesión, depura todo lo que no es honrado o sincero en nuestro interior.

Repite «ahora entrego mi voluntad a la voluntad divina».

Respira…

Fija la atención en el sexto chacra.
*Visualiza el color **índigo**.*
Repite el sonido «om» con cada exhalación.
Evalúa tu vida cotidiana, tus creencias y abandona las percepciones que no son ciertas.
Evalúa el orden sagrado, ¿estás cumpliendo u ofreciendo tu don especial?
No juzgues a los demás.
Repite: «Busco solamente la verdad».
Respira…

Fija la atención en el séptimo chacra.
*Visualiza el color de arco iris o el **violeta**.*
Silencio.
Evalúa a través de la extremaunción todos los asuntos inconclusos del pasado y libéralos, para poder centrarte en el presente y permitir que fluya la «fuerza vital».
Permite que entre la energía de Dios en tu mente inspirándola.
Repite «vivo el momento presente».
Respira…

Tómate tu tiempo para despertar… Cuando estés preparado, haz una respiración profunda… Abre los ojos… Bienvenido a casa…

A continuación, encontrarás una imagen que puede ayudarte a realizar el ejercicio y seguir la situación de los chacras con sus colores. ¡Si la memorizas, aún mejor! Escribe tus impresiones y sensaciones en tu cuaderno de trabajo cada vez que repitas el ejercicio. Como he repetido en los capítulos anteriores, al hacerlo podrás seguir tu evolución y observar cómo cambian tus experiencias y percepciones a lo largo del tiempo. Este hábito no solo te permitirá mantener un registro de tus progresos, sino que también te ayudará a profundizar en tu autoconocimiento y crecimiento personal.

Recuerda, cada paso que das en este camino es un avance hacia un mayor equilibrio y bienestar. ¡Adelante, estás haciendo un trabajo maravilloso!

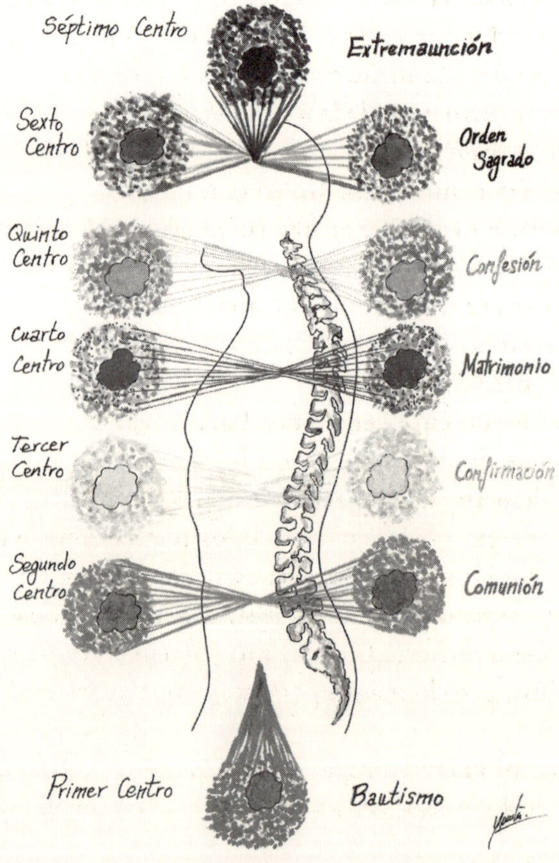

Otras formas de encontrar el equilibrio

Si no eres una persona que medita habitualmente o que siente interés por este tipo de prácticas tradicionales, no te preocupes. Hay formas sencillas y prácticas de incorporar ejercicios para equilibrar tus centros emocionales sin necesidad de meditar. Aquí tienes algunas opciones que pueden integrarse fácilmente en tu día a día y que también son enriquecedoras:

- **Conexión con la naturaleza:** sal a caminar al aire libre, especialmente en parques o zonas verdes, y enfócate en sentir el suelo bajo tus pies. Esta práctica te ayudará a activar y equilibrar tu chacra raíz sin la necesidad de técnicas meditativas.
- **Caminar conscientemente:** al caminar, imagina que tus pasos están conectados con la tierra (chacra raíz) y que cada paso equilibra tu energía. Mantente presente en el movimiento.
- **Rituales con elementos de la naturaleza:** trabaja con los elementos asociados a los chacras:
— Tierra (raíz): camina descalzo en tierra firme.
— Agua (sacro): sumérgete en agua o escucha su sonido.
— Fuego (plexo solar): medita junto a una vela.
— Aire (corazón): respira profundamente en un lugar al aire libre.
— Éter (garganta, tercer ojo y corona): practica el silencio o medita bajo las estrellas.
- **Danza o movimiento consciente:** baila libremente con intención, moviéndote desde los pies hacia la cabeza, como si cada movimiento despertara un chacra. La danza permite la libre circulación de energía y la integración de los centros emocionales.
- **Música y sonidos para relajarte:** escucha canciones que te hagan sentir en calma o llenas de energía, dependiendo de lo que necesites en ese momento. Cada centro emocional responde a ciertas frecuencias, pero lo más importante es que disfrutes de la música que elijas.
- **Colores en tu vida:** usa ropa, accesorios o incluso decora tus espacios con colores asociados a los centros emocionales que quieras

reforzar. Por ejemplo, rojo para conexión y seguridad (chacra raíz) o verde para amor y equilibrio (chacra corazón).

- **Respiración rítmica:** dedica unos minutos en cualquier momento del día a respirar profundamente de manera rítmica. Esto puede ser simplemente inhalar durante cuatro segundos, sostener la respiración por otros cuatro y exhalar durante cuatro más. Es fácil de hacer mientras trabajas o estás de pie esperando algo.

- **Respiración consciente:** si practicas alguna técnica de respiración profunda, como la respiración diafragmática, puedes enfocarte en un centro específico mientras inhalas y exhalas, imaginando que la energía fluye hacia y desde ese centro.

- **Alimentos para generar energía:** introduce alimentos que vibran con cada centro, como frutas rojas (fresas, tomates) para el chacra raíz o alimentos morados (uvas, berenjenas) para el chacra corona. Comer conscientemente también ayuda.

- **Rutina nocturna:** antes de dormir, realiza un escaneo corporal. Visualiza cómo la energía fluye por cada centro soltando tensiones acumuladas durante el día.

- **Agradecimiento diario:** cada día, toma unos minutos para reflexionar sobre las cosas por las que estás agradecido, por ejemplo, tres cosas que te hayan hecho sentir genial. El agradecimiento tiene un poderoso efecto para abrir el chacra del corazón y fortalecer la armonía emocional.

- **Aceptación y perdón:** reflexiona sobre cualquier emoción o experiencia que estés resistiendo. Trabaja en aceptar tus emociones, perdonarte a ti mismo y a otros. El perdón desbloquea la energía estancada en los centros emocionales.

- **Visualización de luz rápida:** antes de comenzar el día, visualiza una luz blanca recorriendo tu cuerpo, entra por tu corazón y viaja por tu columna energética. Visualiza cómo la luz se expande armonizando y limpiando tu cuerpo.

- **Vivir en el presente:** enfócate en el momento presente. Reflexiona sobre cómo dejar atrás la ansiedad del futuro y las cargas del pasado cerrando la puerta a tu pasado.

- **Afirmaciones positivas y diarias:** durante tus actividades cotidianas, repite frases que correspondan a un chacra que desees equilibrar. Por ejemplo:
  Chacra raíz: «Estoy seguro y conectado con la tierra».
  Chacra sacro: «Fluyo con creatividad y alegría».
  Chacra plexo solar: «Tengo confianza y poder personal».
  Chacra corazón: «Soy amor y compasión».
  Chacra garganta: «Me expreso con claridad y verdad».
  Chacra tercer ojo: «Confío en mi intuición».
  Chacra corona: «Estoy en sintonía con el universo».
- **Diario emocional:** escribe cada noche cómo te sentiste durante el día. Esto te ayuda a identificar posibles desequilibrios emocionales y te da claridad.
- **Baños energéticos:** usa sales minerales en un baño relajante para liberar energías acumuladas.
- **Aromaterapia:** utiliza aceites esenciales específicos como lavanda para el centro del corazón o sándalo para el chacra raíz. ¡Si te interesa, investiga más!
- **Baño de luz o cromoterapia:** utiliza lámparas de colores o velas para llenar un espacio de luz asociada a cada chacra. Por ejemplo, empieza con luz roja para el chacra raíz y gradualmente cambia a violeta para el corona, etc. Permite que tu cuerpo absorba cada color mientras te enfocas en sentir la conexión entre ellos.
- **Color del día:** usa ropa o accesorios de un color que represente el chacra que desees trabajar (rojo para raíz, azul para garganta, etc.).
- **Estiramientos simples:** haz movimientos básicos como tocarte los pies (chacra raíz) o estirar los brazos hacia el cielo (chacra corona) mientras te concentras en la energía de esos puntos. También puedes, antes de levantarte por la mañana o al acostarte, estirarte lentamente, visualizando cómo despiertas o relajas tu energía.
- **Agua con intención:** mientras bebes agua, visualiza cómo esta fluye por tu cuerpo, limpiando y armonizando cada centro. Puedes decir mentalmente: «Esta agua purifica mi energía».

- **Visualización de arcoíris:** imagina un arcoíris recorriendo tu cuerpo, con cada color iluminando un chacra específico. Es una práctica breve pero poderosa.
- **Pregunta del día:** pregúntate al comenzar la jornada «¿qué puedo hacer hoy para sentirme bien?». La intención fija tu enfoque en la armonía.
- **Liberación emocional:** cuando sientas una emoción intensa, en lugar de resistirla, respira profundamente y pregúntate: «¿Qué me enseña esta emoción sobre mí?». Y a continuación repítete «suelto y confío» y respira.
- **Acto de bondad:** realiza un acto amable, como sonreír a alguien o ayudar de manera sencilla. Este gesto nutre el flujo energético hacia tu centro del corazón.

Incorporar estas prácticas en tu vida cotidiana no requiere grandes esfuerzos ni dedicar mucho tiempo. Son propuestas simples que pueden integrarse fácilmente en tu día a día y que, cuando se realizan con intención, tienen el poder de generar un impacto significativo en tu bienestar general. No necesitas sentarte en silencio ni seguir técnicas meditativas complejas; estas actividades están diseñadas para ser accesibles, prácticas y efectivas. La clave está en la constancia y en desarrollar una sensibilidad para escuchar lo que tu cuerpo y mente necesitan en cada momento. Este proceso no es una meta fija ni algo que deba alcanzarse rápidamente, sino una exploración continua de tu equilibrio energético. A través de estas prácticas, no solo trabajarás en cada centro emocional individualmente, sino que también fortalecerás la conexión entre ellos, creando una sinergia que armonice tu sistema energético como un todo.

Recuerda que estos pequeños hábitos, realizados de forma atenta, constante y consciente, tienen la capacidad de transformar tu bienestar físico, emocional y mental de manera gradual pero profunda. La magia está en la intención con la que los incorporas y en el valor que les das en tu rutina diaria.

Centros emocionales: donde convergen la espiritualidad oriental y occidental

En este capítulo quiero compartir una reflexión personal surgida de años dedicados a comprender experiencias significativas, como las somatizaciones y otros acontecimientos que, aunque a primera vista puedan parecer poco atractivos o desagradables, contienen mensajes profundos sobre nuestra conexión mente-cuerpo-espíritu. Desde esta perspectiva, quisiera exponerte una hipótesis de trabajo muy personal que enlaza elementos de la espiritualidad oriental y occidental, revelando un posible puente entre ambas visiones.

En Oriente, la tradición de los chacras ha sido estudiada y reconocida como un sistema energético que conecta lo físico, lo emocional y lo espiritual. Hemos visto en las páginas anteriores que cada chacra representa un centro de energía que gobierna aspectos específicos de nuestra existencia, desde la conexión con la tierra y la seguridad hasta nuestra capacidad de expresión, intuición y conexión con lo divino. A través de prácticas como el yoga, la meditación y la respiración consciente, se busca alinear estos centros energéticos para alcanzar un estado de equilibrio y bienestar.

En Occidente, por otro lado, los sacramentos se han presentado como ritos que establecen una conexión con lo trascendental, funcionando también como momentos de reflexión y transformación espiritual. Aunque están enmarcados en contextos religiosos y culturales específicos, los sacramentos, desde un enfoque *antropológico*, pueden interpretarse como una representación simbólica de la espiritualidad y el desarrollo interior.

Mi reflexión personal sugiere que, aunque los chacras y los sacramentos tienen orígenes y expresiones muy distintas, ambos comparten un objetivo común: el entendimiento y la integración de los múltiples aspectos de la experiencia humana. Los chacras nos invitan a explorar el flujo de energía en nosotros mismos, mientras que los sacramentos pueden considerarse como hitos que marcan etapas significativas en nuestro viaje espiritual. En ambos casos, la intención es encontrar equilibrio, trascendencia y conexión con algo mayor. Este paralelismo no busca igualar ambos conceptos ni borrar sus diferencias culturales, sino destacar cómo, en diferentes contextos y tradiciones, la humanidad ha desarrollado herramientas simbólicas y prácticas para abordar inquietudes universales: la búsqueda de sentido, la armonización de los conflictos internos y la conexión con lo divino. Al observar estas prácticas desde una óptica antropológica, es fascinante descubrir cómo cada cultura ha creado sus propios lenguajes y rituales para satisfacer estas mismas necesidades espirituales.

Desde esta perspectiva, se abre la posibilidad de descubrir cómo distintas tradiciones espirituales pueden complementarse mutuamente, proporcionando enfoques diversos para alcanzar el equilibrio interior y el crecimiento personal. Aunque las formas, los símbolos y los lenguajes cambien entre culturas, su esencia parece coincidir en un propósito común: fomentar una comprensión más profunda de nosotros mismos como seres completos y de nuestra relación con el universo que nos rodea.

Las prácticas presentadas en los capítulos anteriores, junto con las que ahora te comparto, nos invitan a reflexionar sobre nuestra conexión con lo trascendental. Nos recuerdan que el autoconocimiento y el desarrollo espiritual trascienden fronteras culturales y religiosas. En cualquier contexto, estas herramientas resultan valiosas para guiar el proceso continuo de integración emocional, mental y espiritual, un camino esencial para nuestra realización como seres humanos plenos.

El sacramento relacionado con el primer centro emocional

El bautismo desde mi punto de vista simboliza la aceptación y bienvenida a un grupo determinado, proporcionando un sentido de pertenencia y comunidad. Este acto se convierte en un compromiso tanto con los demás como con uno mismo, marcando un punto de inicio en el desarrollo de la identidad personal. A través del bautismo, se recibe la información que permite al «niño interno» establecer raíces en su lugar en la Tierra, mediante el soporte de la vida y la familia, que son fundamentales para el crecimiento emocional y psicológico.

El bautismo también representa la celebración de aceptar cada aspecto de la vida con gratitud, así como a todas las personas que nos rodean. Este acto de aceptación fomenta el autoconocimiento y el reconocimiento de nuestras propias fortalezas y debilidades, ayudándonos a ser nosotros mismos de manera más auténtica y consciente. Nos hace responsables de nuestras acciones y decisiones, reforzando nuestra autoestima y capacidad de autocuidado.

Espiritualmente, el bautismo simboliza una conexión profunda con lo divino y con la energía de la Tierra. A través del símbolo del agua, se purifica al ser de toxinas no solo físicas, sino también emocionales y espirituales. El agua representa la renovación y la limpieza, permitiendo que el individuo renazca con una mayor claridad y pureza. El bautismo celebra la unión con el espíritu, marcando un compromiso con la vida espiritual. Es un acto que no solo limpia, sino que también empodera, proporcionando una base sólida para el crecimiento espiritual y la conexión con lo divino. Al aceptar este ritual, uno se abre a la gratitud y al aprendizaje continuo, reconociendo cada experiencia como una oportunidad para crecer y evolucionar.

En definitiva, simboliza la conexión con la vida física y con la energía de la Tierra. Proporciona un sentido de pertenencia, identidad y responsabilidad, mientras que, al mismo tiempo, conecta al individuo con una energía superior y con la vitalidad de la Tierra. Este acto sagrado es un recordatorio constante de que cada persona tiene la capacidad de renacer y transformarse, de conectarse profundamente con su comunidad y con lo divino, y de vivir una vida llena de propósito y significado. Aprovecha cada oportunidad para nutrir esta conexión y fortalecer tu ser interior

El sacramento relacionado con el segundo centro emocional

La comunión se entiende como la capacidad de acoger las diferencias para relacionarnos con honor e integridad, compartir amor y respeto con nuestro prójimo y unirnos con lo divino. Simboliza los lazos que establecemos tanto con nosotros mismos como con los demás. Este proceso de conexión profunda y sincera es esencial para nuestro crecimiento psicológico y espiritual. El respeto mutuo es la base de la comunión. Las relaciones deben ser vistas como una oportunidad para aprender de nuestras fortalezas y debilidades, conocernos mejor y formar vínculos con aquellas personas que fomentan nuestro crecimiento espiritual. A través de estas interacciones, descubrimos aspectos de nosotros mismos que quizás no conocíamos y encontramos apoyo en nuestro camino de desarrollo personal.

La ley del magnetismo, que postula que los objetos con cargas opuestas se atraen, también se aplica a las relaciones humanas. Atraemos a personas que, siendo distintas a nosotros, tienen lecciones valiosas que enseñarnos. Estas diferencias no solo enriquecen nuestra perspectiva, sino que también nos desafían a crecer y expandir nuestra comprensión del mundo y de nosotros mismos.

En términos psicológicos, la comunión implica una apertura y una disposición a aceptar y respetar la diversidad. Nos anima a ser vulnerables y auténticos, lo que fortalece nuestra autoestima y nos permite experimentar relaciones más profundas y significativas. Espiritualmente, la comunión nos conecta con una energía superior y nos ayuda a sentirnos parte de un todo mayor. Al cultivar la comunión en nuestras vidas, abrazamos la oportunidad de aprender y crecer a través de nuestras relaciones. Este enfoque nos permite superar nuestras limitaciones, sanar heridas emocionales y avanzar con una mayor conciencia y propósito. A través de la comunión, encontramos un camino hacia la paz interior y una vida más plena y enriquecedora.

El sacramento relacionado con el tercer centro emocional

La confirmación implica aceptar mi propio valor y responsabilidad, así como la dualidad interior de la unión de lo masculino y lo femenino. Este sacramento nos concede el permiso para darnos vida y poder interior.

En términos psicológicos, la confirmación fortalece nuestra identidad personal, confianza y sentido de pertenencia. Espiritualmente, profundiza nuestra fe, refuerza el compromiso con la vida cristiana y nos brinda una experiencia renovada de la gracia divina. Actúa como un puente entre el crecimiento personal y espiritual, ayudándonos a vivir de manera más plena y significativa. Este compromiso personal también implica emprender un camino hacia la sanación del cuerpo físico, emocional y mental, descubriendo así el verdadero significado de la autoestima. Se relaciona con el desarrollo de la integridad y la capacidad para enfrentar los desafíos de la vida, viviendo de acuerdo con un código de honor personal que incluye mantener la palabra, ser honesto y asumir las consecuencias de nuestros actos. Ahora es tu turno, ¿estas preparada para llevar una vida más equilibrada y enriquecedora.

El sacramento relacionado con el cuarto centro emocional

El matrimonio puede ser interpretado desde una perspectiva más profunda como «la unión interna del cuerpo, mente y espíritu para satisfacer nuestras necesidades». Este concepto se basa en la fusión íntima del yo con el alma, una integración que va más allá de la unión con otra persona y se centra en la relación más importante que tenemos: la relación con nosotros mismos.

Desde una perspectiva psicológica, este matrimonio interno implica un compromiso consciente con el autoconocimiento y el autocuidado. Aquí se destacan varios aspectos clave:

— Escucharse a uno mismo: implica desarrollar la capacidad de escuchar nuestras necesidades y deseos internos. Esta práctica nos permite ser más conscientes de nuestras emociones y pensamientos, facilitando una mejor gestión de nuestras vidas.

— Valorarse y aceptarse: es fundamental reconocernos como seres valiosos, dignos de amor y respeto. Aceptar nuestras fortalezas y debilidades nos ayuda a construir una autoestima sana y a vivir de manera más auténtica.

— Permitirnos equivocarnos: entender que los errores son una parte natural del proceso de aprendizaje nos libera de la autocrítica excesiva y nos permite crecer.

— Cuidarse: invertir tiempo en el autocuidado físico y mental es crucial para mantener un equilibrio saludable. Esto incluye hábitos de vida saludables, como la alimentación equilibrada, el ejercicio regular y el descanso adecuado.

— Desaprender y aprender: estar abiertos a desaprender creencias limitantes y a aprender nuevas habilidades y perspectivas es esencial para nuestro desarrollo personal.

Desde una perspectiva espiritual, el matrimonio interno se ve como una unión sagrada del yo con el alma, un proceso de integración y armonización de todas nuestras partes:

— Respetarse y honrarse: tratarse con respeto y honor en todas las circunstancias, reconociendo nuestra dignidad inherente y divinidad.
— Amarse incondicionalmente: practicar el amor incondicional hacia uno mismo, aceptando cada parte de nuestro ser sin juicios ni condiciones.
— Buscar la trascendencia: a través de prácticas espirituales como la meditación, la oración o la contemplación, nos conectamos con una dimensión más profunda de nuestro ser y encontramos un sentido más elevado en nuestras vidas.
— Compromiso espiritual: este matrimonio implica un compromiso continuo con el crecimiento y la evolución espiritual, aceptando y abrazando tanto los momentos de salud como los de enfermedad, hasta que nuestro espíritu deje nuestro cuerpo.

Resumiendo, el matrimonio interno, tanto desde una perspectiva psicológica como espiritual, es un viaje de autocomprensión y amor propio. Al aceptar y practicar este compromiso con nosotros mismos, nos permitimos vivir de manera más plena, auténtica y armoniosa. Este enfoque nos ayuda a satisfacer nuestras necesidades internas y a encontrar una profunda paz y conexión con nuestro verdadero ser, fortaleciendo nuestra capacidad para relacionarnos con el mundo desde un lugar de amor y respeto.

El sacramento relacionado con el quinto centro emocional

La confesión es una práctica poderosa que promueve la purificación interna y el crecimiento personal, permitiéndonos liberar todo aquello que no es honesto en nuestro interior. Al confesar nuestros pensamientos y sentimientos, liberamos las toxinas emocionales generadas por nuestras acciones, miedos, pensamientos y palabras negativas. A través del perdón y el reconocimiento de nuestras acciones, fortalecemos nuestra relación con nosotros mismos y con lo divino. Aunque a menudo esta práctica se ve obstaculizada por el miedo a la imagen que proyectamos ante los demás y el temor al rechazo, incorporar esta práctica en nuestra vida diaria puede mejorar significativamente nuestro bienestar emocional y espiritual, guiándonos hacia una existencia más plena y auténtica.

Desde una perspectiva psicológica, la confesión es un acto liberador que puede tener varios beneficios para nuestra salud mental:

— Liberación emocional: el acto de confesar permite liberar las emociones reprimidas y los pensamientos negativos que mantenemos ocultos. Este proceso de desahogo emocional puede reducir el estrés y la ansiedad, promoviendo una sensación de alivio y bienestar.

— Reducción de la culpa y la vergüenza: al reconocer y verbalizar nuestros errores y acciones negativas, podemos experimentar una reducción en los sentimientos de culpa y vergüenza. Esto es crucial para la autoaceptación y el perdón personal.

— Mejora de la autoestima: la acción de verbalizar lo que ha pasado, o como hemos reaccionado ante una situación, ayuda a construir una imagen más honesta y auténtica de uno mismo. Al enfrentar nuestras acciones y pensamientos negativos, fortalecemos nuestra autoestima y nos permitimos crecer y mejorar.

— Construcción de relaciones saludables: la honestidad y la transparencia en nuestras acciones y pensamientos son fundamentales para construir y mantener relaciones saludables. Confesar nuestros pensamientos y sentimientos puede fortalecer la confianza y la comunicación en nuestras relaciones personales.

Desde una perspectiva espiritual, la confesión es un proceso de purificación y crecimiento espiritual que nos permite liberar cargas emocionales y mentales, reconectarnos con nuestra esencia divina y avanzar en nuestro camino hacia la iluminación. La confesión implica reconocer y admitir nuestros errores, fallos y transgresiones, no solo ante nosotros mismos, sino también ante una entidad superior, sea esta un dios, el universo o una conciencia superior. Veámoslo:

— Purificación interna: la confesión actúa como un rito de purificación espiritual. Al admitir nuestros errores y faltas, liberamos la carga emocional y el peso de la culpa que pueden obstaculizar nuestro crecimiento espiritual. Este acto de sinceridad y humildad nos permite deshacernos de energías negativas y abrirnos a la recepción de energías positivas y sanadoras. La purificación mediante la confesión no solo alivia la mente y el corazón, sino que también limpia el alma, permitiéndonos avanzar con mayor claridad y propósito.

— Conexión con lo divino: al confesar, nos conectamos más profundamente con lo divino, buscando el perdón y el reconocimiento de nuestras acciones. Este acto de humildad y entrega fortalece nuestra relación con el espíritu y con el universo.

— Transformación espiritual: la confesión facilita la transformación espiritual al permitirnos reconocer nuestras faltas y trabajar para corregirlas, por lo que es un paso fundamental en el proceso de crecimiento espiritual. Al reconocer nuestras limitaciones y errores, ganamos una comprensión más profunda de nosotros mismos y de nuestras motivaciones. Este autoconocimiento es esencial para la evolución espiritual, ya que nos permite identificar áreas de mejora y trabajar activamente en ellas. Además, la confesión fomenta la humildad, recordándonos que todos somos susceptibles de cometer errores y que el verdadero crecimiento proviene de aprender de ellos y buscar la redención.

— Perdón y reconciliación: la confesión no solo busca el perdón, sino también la reconciliación con uno mismo, con los demás y con lo divino. Este acto de reconocimiento y arrepentimiento abre la puerta a la restauración de relaciones dañadas y al renacimiento espiritual. La reconciliación nos permite restablecer la armonía en nuestras vidas, sanar heridas emocionales y fortalecer nuestra conexión con lo divino. Este proceso nos brinda una nueva perspectiva y un renovado sentido de propósito y dirección en nuestro camino espiritual.

El sacramento relacionado con el sexto centro emocional

El orden sagrado representa la facultad de ver con claridad y compasión, dentro de los límites de la razón. Desde una perspectiva psicológica y espiritual, el orden sagrado simboliza la capacidad de invocar la sabiduría divina para comprender nuestra labor hacia los demás, también conocido como el «plan divino». Este entendimiento nos impulsa a realizar actos de amor y servicio, elevando así la calidad humana. Al rezar, meditar, conocernos a nosotros mismos y escuchar nuestra voz interior, vivimos de manera más plena y alineada con nuestro propósito divino. Este proceso de autodescubrimiento y servicio no solo enriquece nuestras vidas, sino que también contribuye al bienestar y la armonía de la sociedad en general.

Desde una perspectiva psicológica, el orden sagrado nos conecta con nuestra capacidad de empatía y comprensión profunda. Al invocar la sabiduría divina, entendemos mejor nuestro propósito y cómo nuestras acciones impactan a quienes nos rodean. Este entendimiento nos impulsa a realizar actos de amor y servicio hacia el prójimo de manera natural, guiados por la fuerza del espíritu. Estos actos no solo benefician a los demás, sino que también enriquecen nuestra propia vida, fomentando un sentido de propósito y pertenencia. Cada acto de amor y servicio incrementa la calidad humana. Espiritualmente, estos actos son expresiones de la divinidad en acción. Psicológicamente, nos ayudan a desarrollar una mayor autocomprensión y autoaceptación, al tiempo que fortalecen nuestras relaciones interpersonales. Actuar con compasión y empatía promueve un ambiente de apoyo y solidaridad. El alinearnos con el orden sagrado despierta en nosotros el deseo de rezar y meditar. Estas prácticas nos permiten conectarnos con nuestra esencia interior y con la fuente divina de sabiduría. La oración y la meditación son herramientas poderosas para cultivar la paz interior, la claridad mental y la fortaleza espiritual. Psicológicamente, nos enseñan a «saber ver» más allá de las apariencias y a «escuchar» nuestra voz interior, lo que facilita un mayor autoconocimiento y una vida más auténtica.

Conocernos a nosotros mismos es fundamental tanto desde una perspectiva psicológica como espiritual. La introspección y la autoevaluación continua nos permiten descubrir nuestras verdaderas motivaciones, miedos y deseos. Este proceso de autoconocimiento mejora nuestra autoestima y nos guía hacia una mayor autoaceptación. Espiritualmente, nos acerca a nuestra esencia divina, permitiéndonos «escuchar» esa voz interna que nos guía hacia la verdad y la autenticidad.

El sacramento relacionado con el séptimo centro emocional

Está relacionado con **la extremaunción**, que se convierte en una lección profunda sobre la importancia de desprenderse del pasado para poder vivir plenamente en el presente. Este sacramento, también conocido como el sacramento de la unción de los enfermos, no solo ofrece consuelo en los momentos de enfermedad y transición, sino que también nos enseña a liberarnos de aquello que ya no está, para poder concentrarnos en el aquí y el ahora.

Desde un punto de vista psicológico, desprenderse del pasado es esencial para la salud mental y el bienestar emocional. A menudo, las personas llevan consigo el peso de experiencias pasadas, resentimientos y arrepentimientos que pueden afectar negativamente su presente y su capacidad para disfrutar de la vida. Aprender a soltar estos anclajes emocionales nos permite encontrar paz y equilibrio interior, siendo un paso fundamental hacia la autorrealización y el crecimiento personal. Vivir el momento presente es una práctica poderosa que nos conecta con nuestra esencia más auténtica. Herramientas como la meditación con o sin mantras, la oración y la contemplación son eficaces para cultivar esta conciencia plena. Al centrar nuestra atención en el ahora, podemos experimentar una mayor claridad mental, reducir el estrés y encontrar una paz interior duradera. El proceso de desprendimiento también se relaciona con el perdón, tanto hacia nosotros mismos como hacia los demás. Liberarnos de los rencores y las culpas permite que la sanación espiritual y emocional tenga lugar. Este perdón nos libera de las ataduras del pasado y nos abre a nuevas posibilidades y experiencias en el presente, permitiéndonos vivir una vida más plena y satisfactoria.

La extremaunción, en el ámbito espiritual, nos invita a confiar en el flujo natural de la vida y a aceptar tanto la muerte como el nacimiento como partes integrales del ciclo vital. Esta aceptación nos proporciona una visión más amplia y compasiva de nuestra existencia, permitiéndonos ver más allá de nuestras preocupaciones inmediatas y conectar con un sentido más profundo de propósito y significado. La fe que surge de esta comprensión nos sostiene durante los momentos difíciles, recordándonos que todo forma parte de un ciclo mayor y que siempre hay un propósito detrás de cada experiencia. La metáfora de la muerte y el nacimiento que se asocia con la extremaunción subraya la naturaleza cíclica de la vida. Así como la muerte marca el fin de una etapa, también abre la puerta a un nuevo comienzo. Esta comprensión puede aliviar el miedo a lo desconocido y ofrecer consuelo en momentos de incertidumbre y transición. Si aprendemos a vivir en el presente, liberándonos del pasado y aceptando el ciclo natural de la vida, podemos encontrar una mayor paz interior, claridad mental y una conexión más profunda con lo divino y con nosotros mismos.

Integrar estas enseñanzas en nuestra vida diaria nos invita a practicar la presencia plena, la gratitud y la compasión, tanto hacia nosotros mismos como hacia los demás. Al hacerlo, creamos un estado de equilibrio y armonía que nos permite vivir con mayor serenidad y propósito. Esta transformación nos conecta con nuestra esencia verdadera y con el mundo que nos rodea, llevándonos a una vida más plena y satisfactoria. Ahora es tu momento de decidir: elegir el camino del equilibrio y el autoconocimiento o permanecer en el desequilibrio y el caos. Puedes optar por aplicar las herramientas que este libro pone a tu alcance o seguir atrapado en tu zona de confort, lamentándote. La decisión está en tus manos. ¿Qué camino tomarás?

Epílogo

Si me preguntas:

— «Esther, *¿por qué* tengo que comprar este libro?».

— «Porque tienes que entender» sería mi respuesta.

Si me preguntas:

— «Esther, *¿para qué* tengo que comprar este libro?».

— «Para que entiendas» sería mi respuesta.

Y entonces, quizás me preguntarías:

— «¿Entender qué?».

Déjame que te muestre la razón de mi respuesta a través de dos situaciones que marcaron mi vida.

1. Hace veinticinco años, mamá nos reunió a toda la familia y comentó: «Pasado mañana me ingresan en el hospital porque me van a realizar una biopsia del pecho izquierdo. Creen que tengo cáncer, y posiblemente metástasis en los pulmones. No tienen claro el alcance, pero me quedan pocos meses de vida».

Después de reaccionar ante este jarro de agua helada, me planteé: ¿por qué a unas personas se les diagnostica esta enfermedad y a otras no? ¿Cuál es la causa? ¿Qué influye? Y muchas más preguntas. Para ello, empecé a estudiar la influencia de las emociones en el cuerpo.

Así comenzó mi camino de investigación, comprensión y exploración de la somatización de las emociones.

2. Hace dieciocho años, buscando una explicación para todos mis síntomas, entre ellos opresión en la glotis, inflamación de la tráquea, diarreas continuas, fiebre, presión ocular, bradicardias, dolores agudos de cabeza, fotofobia y algunos más, y tras cuatro años de pruebas de un especialista a otro, terminé en la consulta de un maravilloso médico, muy mayor y encantador a la par que sabio. Me miró fijamente a los ojos y me dijo:

Querida niña, lo que te pasa a ti es como la Isla de Man, que todo el mundo ha oído hablar de ella, pero nadie sabe con certeza dónde está. Todos estos síntomas son fruto de un síndrome llamado «distonía neurovegetativa». Es un síndrome porque no se ha invertido el dinero suficiente para considerarlo una enfermedad, por lo que no hay muchos estudios. No hay un tratamiento concreto, aunque parece que si se consigue relajar el sistema parasimpático central, hay mejoría.

Te diré —continuaba— que este rige la musculatura involuntaria, por lo que no es muy posible relajar los músculos que rodean a los órganos vitales, y por eso se contraen y provocan los síntomas que tienes. Es decir, se contraen los músculos de los órganos como los ojos, la garganta, el intestino, etc. Si encuentras alguna práctica que funcione, me lo dices y se lo comunicaré a los demás, así les ayudamos.

Como te imaginarás, estaba en estado de *shock*, solo abría los ojos y miraba al doctor. Debió entender mi perplejidad y recuerdo que de mi boca solo salió una pregunta: «¿Y ahora qué pasa?». Con un tono muy cariñoso, me dijo: «Bueno, si no encontramos la manera de relajar el nivel tan alto de estrés en tu vida y disminuir la actividad mental y emocional, parece que este síndrome va a desembocar en una enfermedad neurológica como migraña crónica, o quizás esclerosis múltiple, o esclerosis lateral amiotrófica».

A partir de ahí, continué mis investigaciones con más intensidad que nunca, ampliando mi exploración hacia todos los campos del conocimiento. Hoy te puedo decir que *entiendo* la influencia de los pensamientos y las palabras en el cuerpo, *entiendo* su conexión, *entiendo* y reconozco que durante años lo hice mal y he sentido las consecuencias en mi ser. Pero desde que conozco toda la información que tienes en el libro y practico muchas de las técnicas, mi vida y mi salud han mejorado, porque he aprendido a gestionar el estrés y los síntomas. Escucho cuando mi cuerpo me avisa que me estoy excediendo y le hago caso cuando me habla.

Es el momento de poner en práctica cada enseñanza compartida y de convertir las palabras en hechos. Desde lo más profundo de mi ser, deseo que estas páginas hayan sido una luz en tu camino, una brújula en momentos de incertidumbre y, sobre todo, un apoyo firme en tu viaje hacia la liberación emocional y el pensamiento claro para prevenir las somatizaciones. Que la serenidad sea tu compañera y te guíe en los pasos hacia los cambios que tanto mereces y deseas.

Mientras te tomas un momento para reflexionar sobre estas palabras, déjame pasarte unos consejos que me hubiera gustado conocer antes de que el estrés crónico y yo nos hiciéramos «amigos». A pesar de los obstáculos, sigo en mi práctica diaria, en mi búsqueda incansable y en mi aprendizaje continuo. Gracias a esta constante evolución y al aliento y apoyo de mis pacientes, de mis alumnos y de mi pareja, siento que mi estrés no solo se ha mantenido a raya, sino que me ha permitido crecer y fortalecerme; aunque, en ocasiones puntuales, se manifiesta como cansancio y migrañas.

1. Todos podemos cambiar y remodelar nuestro cerebro. Santiago Ramón y Cajal, laureado con el Premio Nobel de Medicina en 1906, proclamó: «Todo ser humano, si se lo propone, puede ser escultor de su propio cerebro». ¡Toma nota de esta poderosa afirmación y empieza a esculpir! Recuerda que la palabra es una forma de energía vital, un pilar de nuestra existencia que trasciende la mera retórica y las terapias alternativas de corte místico. Existen estudios que, mediante la tomografía de emisión de positrones —una avanzada tecnología sanitaria de la medicina nuclear—, han capturado cómo individuos que optan por un diálogo interno positivo logran remodelar físicamente la estructura de su cerebro, incluso en casos de trastornos psiquiátricos, alterando los circuitos que originaban dichas patologías. Es indiscutible que ejercemos una influencia significativa sobre nuestra mente y cuerpo. La manera en que nos comunicamos con nosotros mismos y nuestros pensamientos moldea nuestras percepciones, reacciones y actitudes, impactando directamente en nuestro nivel de consciencia. A lo largo del día, tomamos decisiones constantemente, elegimos caminos, decidimos qué queremos y qué no. Cada elección dirige nuestra consciencia, afectándonos a nosotros mismos y a quienes nos rodean.

¿Te resulta difícil de creer? A lo largo de este libro, y con la ayuda de los conocimientos sobre medicina psicosomática, has podido ver cómo la energía de nuestros pensamientos influye en nuestras emociones y en nuestro cuerpo. Si aún tienes dudas, te propongo un reto: investiga, busca información, compara, analiza, practica y saca tus propias conclusiones. La neurociencia está proporcionando cada vez más evidencia sobre la importancia del conocimiento y el nivel de consciencia. Por ejemplo, se ha demostrado que las palabras pueden activar los núcleos amigdalinos, desencadenando los centros del miedo que transforman nuestras hormonas y procesos mentales. Investigadores de Harvard han evidenciado que al reducir el parloteo interno y alcanzar el silencio mediante las técnicas descritas en este libro, se puede disminuir en un 80 % las migrañas y el dolor coronario. Esto nos lleva a concluir que nuestra percepción es una facultad que va más allá de la razón.

2. Los límites de tus creencias entorpecen tus cambios. La mayoría de nuestras acciones y comportamientos están influenciados por la información almacenada en nuestro subconsciente. Nuestras reacciones están moldeadas por los hábitos que hemos desarrollado a lo largo del tiempo, y a menudo valoramos la espontaneidad como una virtud. Sin embargo, la verdadera espontaneidad requiere de aprendizaje previo: debemos experimentar y asimilar dichas experiencias como conocimiento práctico. El miedo, ese obstáculo sigiloso, brota de las creencias y vivencias que hemos etiquetado como peligrosas o inseguras. Este miedo nos ancla a la zona de confort, promoviendo un comportamiento que se aferra a la «seguridad de lo conocido» y nos frena en nuestro progreso. Pero es posible cambiar nuestros patrones de pensamiento y entrenar nuestra mente y cuerpo, siempre y cuando mantengamos la coherencia en este proceso.

Si anhelas cambios en tu vida, sé tú quien los inicie. Atrévete a abandonar tu zona de confort. Recuerda, cada vez que te prometas «voy a hacer esto» cúmplelo, pues estarás modificando físicamente tu cerebro. Tu mayor potencial no reside en algún lugar lejano o en manos de otros, sino en tu propia consciencia y en tu voluntad de actuar.

3. Si quieres cambiar de hábitos, elige bien tus pensamientos. Siempre encontramos razones para justificar el mal humor, el estrés o la tristeza. Esta tendencia ha creado una línea de pensamiento determinada. Pero si decidimos, por ejemplo, vivir sin tristeza, surge otra línea de pensamiento que se va formando con sucesivas repeticiones en nuestro cerebro. Cuando nuestro cerebro asigna un significado a algo, lo experimentamos como la realidad absoluta, sin ser conscientes de que es solo una interpretación de ella. Sabemos que nuestras creencias determinan gran parte de nuestra vida; por ello, la mayoría de los obstáculos que nos cuesta superar son como el ancla interna que proviene de nuestras creencias limitantes.

Está claro que todo cambia y todo fluye, pero ahora ya tienes herramientas y conocimiento sobre cómo prevenir futuras somatizaciones y dolencias. Por ello, te voy a pedir un favor: no lo dejes, comienza a practicar hoy mismo. Cuanto más relajada estés, mejor te sentirás y ayudarás a tu cuerpo a tener una mejor calidad de vida. Si todo lo leído te ha convencido de ello, ten en cuenta que:

— Es importante reconocer y aceptar que el cambio es necesario.

— Tendrás que estar preparado para iniciar proyectos personales que te ayuden en ese momento de transición. Pregúntate para qué este cambio, cuál es el sentido.

— En el caso que sientas o creas que el cambio es una amenaza por ser algo nuevo, piensa que es una oportunidad.

«Hay solo una constante en el universo, y esta constante es el cambio», dijo sabiamente Albert Einstein. La vida está en constante cambio, querámoslo o no. Este cambio puede surgir tanto de nuestro interior como del exterior. Es importante tomar conciencia de que, aunque no podemos controlar nuestro entorno, sí podemos aprender a gestionarlo, empezando por nuestros pensamientos y hábitos.

Seguramente recuerdas ejemplos de cómo la naturaleza recupera su espacio y equilibrio. Incluso las empresas o instituciones más perfectas encuentran dificultades para cambiar. Lo mismo ocurre con nosotros, los humanos; ha llegado el momento de aceptar que la perfección no existe. El cambio puede ser una elección o algo que se sufre, y esto depende en gran medida de cómo percibas la situación, de tu motivación y de tu capacidad de adaptación. Esta última se refiere a la habilidad de ajustarnos a lo desconocido, a lo impredecible, en resumen, a las situaciones cambiantes. Esto nos permite aprovechar mejor las oportunidades, identificar y desarrollar nuestro potencial, generar y desarrollar buenas ideas, disfrutar de la vida y alcanzar el éxito personal y profesional fomentando actitudes positivas como la flexibilidad y la capacidad de adaptación. La adaptabilidad es aceptar la situación que vivimos. Ambas, la flexibilidad y la adaptabilidad están relacionadas con el ánimo, la tolerancia y la aceptación de nuevas situaciones e ideas.

Recuerda que, en un proceso de cambio, pueden surgir resistencias, ese «miedoso pepito grillo» que nos incita a detenernos. Pero aquí viene la buena noticia: ¡podemos superarlo! ¿Cómo? Toma nota.

— Habla y relaciónate con personas que lo han conseguido. Escúchalos, valora y desarrolla las ideas que te surjan. Con la creación de ideas seguro que aparecen nuevas soluciones.

— Comprométete. Cumple aquellos objetivos que te has propuesto. Te recuerdo que han de ser concretos, alcanzables, medibles y recompensados. Planifícalos y prémiate cuando los alcances. Por cierto, si necesitas revisarlos regularmente, ¡hazlo! En el compromiso, no deberías hacer oídos a la indecisión, a la duda, al miedo, al fracaso, a la inseguridad. Todo ello es un perfecto caldo de cultivo para debilitar tu compromiso. Si no sabes cómo planificar tus objetivos te recomiendo mi libro *Cuaderno de economía emocional. Método Maquebo*. Te ayudará a conseguirlo paso a paso, más de lo que crees si eres honesto contigo mismo.

— Confía en ti. Emerson dijo que «la confianza en sí mismo, es el primer secreto del éxito». Por ello, sé coherente entre lo que dices, lo que haces y lo que crees. Esto te genera seguridad y te lleva a sentir confianza.

— Sé proactivo. Asume la responsabilidad de hacer que las cosas sucedan para alcanzar tus objetivos y metas. Decide en cada momento lo que quieres hacer y cómo lo vas a hacer. No esperes a que otros tomen decisiones por ti; anticípate a los problemas y actúa con determinación. Al ser proactivo, generas energía que contagia a tu entorno. Pero si te quedas inmóvil, si reaccionas en lugar de actuar, te centras en lo que no puedes hacer y cambiar. Por eso, busca nuevas oportunidades, establece metas y objetivos claros, anticipa problemas y actúa de manera única, utilizando tu creatividad. Persevera y persiste en tu trabajo… ¡y lo lograrás!

— Busca tu motivación y sé entusiasta. ¿Cuál es tu motor? Eso que te impulsa a alcanzar tus metas. Todos tenemos, o al menos deberíamos tener, un motivo que nos anime a actuar y a comportarnos de tal manera que logremos nuestros objetivos. Identificar y conectar con ese motor interno es esencial para mantenernos enfocados y motivados en nuestro camino. Puede ser un sueño, una pasión, un ser querido o incluso un deseo de superación personal. Permítete explorar y descubrir lo que realmente te mueve, y utiliza esa fuerza para seguir adelante, superar obstáculos y alcanzar el éxito. Recuerda, la clave está en mantener viva esa chispa interior que te inspira a dar lo mejor de ti cada día.

Recuerda es importante como enfocas tu objetivo, de ello depende el resultado. Por ejemplo, si logras relajarte, tu motivación para seguir practicando esa técnica de yoga, de meditación o cualquier otra forma de encontrar tu equilibrio se disparará. La retroalimentación es tan inmediata como un «me gusta» viral en las redes sociales. Imagina cómo, al tomar el control de tu bienestar emocional y prevenir las somatizaciones, no solo estás protegiendo tu salud, sino que también te conviertes en el héroe indiscutible de tu propio bienestar. Ya tienes los conocimientos y las técnicas para trabajar en ello, así que atrévete a utilizarlos, como decía mi paciente C.:

Ella me dio las herramientas, yo pongo el trabajo, como ella, me dijo una vez: «Las personas nunca aprenden nada de lo que les cuentan, necesitan descubrirlo por ellas mismas».

Cada paso que das hacia la autocomprensión y la gestión de tus emociones es un avance significativo para la mejora de tu salud. Reconoce, valora y celebra tus logros, por pequeños que puedan parecer, porque son estos avances los que construyen una base sólida para una vida más saludable y equilibrada. Tú tienes el poder de transformar tu vida y crear un impacto positivo en tu bienestar físico y emocional.

Recuerda que el camino hacia la salud integral no es lineal, y está bien tener altibajos, recuerda que somo humanos. Lo importante es mantenerte enfocado en tu objetivo y confiar en tus habilidades para superar cualquier desafío que surja en el camino. ¡Eres capaz de lograrlo! Así que, ¡a disfrutar de una vida más saludable y relajada!, ahora la decisión está en tus manos ¡y no olvides reír! Después de todo, la risa no solo es la mejor medicina, sino que también es gratis y no necesita receta.

Que la salud, la fuerza y la sonrisa te acompañen.

Sé libre como el aire,
persistente como el agua,
productiva como la tierra,
fuerte como el metal y
radiante como el fuego.

Fuentes

Bailes, Frederick. *Poder oculto para problemas humanos.* Editorial Diana. México.

Chopra, Deepak. *Cuerpos sin edad mentes sin tiempo.* Ed. Vergara, Buenos Aires, Argentina. 1994.

Chopra, Deepak. *Salud perfecta.* Ediciones B. Grupo Z. 2006.

Cuentos tibetanos. La esencia de la calma. Colección sabiduría ancestral.

Don, Brennan. *Ayurveda. Remedios e inspiraciones para tu bienestar.* Editorial Evergreen. 2006.

García Campoy, Javier. *Dicen que no tengo nada.* Editorial Siglantana. 2015.

García Walker, David. *Los efectos terapéuticos del humor y la risa.* Sirio. 2005.

Hay, Louise L. *Usted puede sanar su vida.* Ediciones Urano. 1999.

Jodorowsky, Alejandro. *Psicomagia.* Editorial De bolsillo. Barcelona. 2005.

Leith, Sam. *¿Me hablas a mí? La retórica de Aristóteles a Obama.* Editorial Taurus. 2012.

Mendoza, Eduardo. *Cuentos.* Extraído de www.personarte.com

Myss, Caroline. *Anatomía del Espíritu.* Editorial RBA. 1999.

Myss, Caroline. *El poder invisible en acción.* Editorial RBA. 2006.

Mattiu Ricard. *En defensa de la felicidad.* Editorial Urano. 2005.

Scnake, Adriana. *Los diálogos del cuerpo.* Editorial Cuatro Vientos. 2001.

Varas Doval, M.ª Esther. *Caramba, soy Humano!!! Guía práctica para aprender a sentir.* Editorial ECU. 2010.

Varas Doval, M.ª Esther. *Otras terapias alternativas.* Editorial ECU. 2008.

Varas Doval, M.ª Esther: *Cuaderno de economía emocional: Método Maquebo.* Equipo Difusor del libro. 2016.

Vilas, Beatriz. *Coaching para torpes.* Editorial Anaya Multimedia. 2012.

Villanueva, Darío. *Poderes de la palabra.* Editorial Galaxia Gutenberg. 2023.

Otras fuentes:

Diseñador gráfico, Ángel Gil Gavilán. Ilustrador, Juan Carlos Yunta.

Contacto en:

Email: esthervaras@gmail.com
Sígueme en Facebook: www.facebook.com/esther.varasdoval
Web: esthervaras.com
Instagram: @varasdoval
LinkedIn: Esther Varas Doval